編者的話

　　「學科能力測驗」是大學校系初步篩選學生的門檻，學測成績優秀的同學，可以直接以推甄的方式，選擇自己喜歡的科系；然而學測成績不理想的同學，也不必氣餒，因為從學測中，你可以知道自己有哪些科目需要加強，只要不斷地努力，一定能在之後的指定科目考試中表現出色。

　　為了提供讀者珍貴的資料，我們特別蒐集了九十五年度學測各科試題，做成「95 年學科能力測驗各科試題詳解」，書後並附有大考中心所公佈的各科選擇題參考答案，及成績統計表，同學在做完題目之後，不妨參考那些統計表格，就可以知道自己的程度如何。

　　這本書的完成，要感謝各科老師協助解題：

　　英文／陳威如老師・謝靜芳老師・蔡琇瑩老師
　　　　　張碧紋老師・陳子璇老師・林工富老師
　　　　　蔡惠婷小姐・王淑平小姐
　　　　　美籍老師 Laura E. Stewart
　　數學／林　群老師
　　社會／李　曄老師・王念平老師・陳　陞老師
　　國文／李　奐老師
　　自然／張鎮麟老師・王　宇老師・姜孟希老師
　　　　　鄧　閩老師

　　本書編校製作過程嚴謹，但仍恐有缺失之處，尚祈各界先進不吝指正。

劉　毅

目　錄

九十五年大學入學學科能力測驗試題
英文考科

第壹部份：單選題（佔72分）

一、詞彙（佔15分）

說明：　第1至15題，每題選出最適當的一個選項，標示在答案卡之「選擇題答案區」。每題答對得1分，答錯不倒扣。

1. If we can _____ to, we will take a vacation abroad in the summer.
   (A) pay　　　(B) move　　　(C) expose　　　(D) afford

2. A _____ mistake found in parenthood is that parents often set unrealistic goals for their children.
   (A) terrific　　(B) common　　(C) straight　　(D) favorable

3. Some words, such as "sandwich" and "hamburger," were _____ the names of people or even towns.
   (A) originally　(B) ideally　　(C) relatively　(D) sincerely

4. Have you ever _____ how the ancient Egyptians created such marvelous feats of engineering as the pyramids?
   (A) concluded　(B) wondered　(C) admitted　　(D) persuaded

5. Mr. Johnson was disappointed at his students for having a passive learning _____.
   (A) result　　(B) progress　　(C) attitude　　(D) energy

6. Anne dreaded giving a speech before three hundred people; even thinking about it made her _____.
   (A) passionate　(B) anxious　　(C) ambitious　(D) optimistic

7. I had to _____ Jack's invitation to the party because it conflicted with an important business meeting.
   (A) decline　　(B) depart　　(C) devote　　(D) deserve

8. Selling fried chicken at the night market doesn't seem to be a decent business, but it is actually quite _____.
   (A) plentiful　　(B) precious　　(C) profitable　　(D) productive

9. The passengers _____ escaped death when a bomb exploded in the subway station, killing sixty people.
   (A) traditionally　(B) valuably　　(C) loosely　　(D) narrowly

10. Jerry didn't _____ his primary school classmate Mary until he listened to her self-introduction.
    (A) acquaint　　(B) acquire　　(C) recognize　　(D) realize

11. With the completion of several public _____ projects, such as the MRT, commuting to work has become easier for people living in the suburbs.
    (A) transportation　(B) traffic　　(C) travel　　(D) transfer

12. With a good _____ of both Chinese and English, Miss Lin was assigned the task of oral interpretation for the visiting American delegation.
    (A) writing　　(B) program　　(C) command　　(D) impression

13. I am studying so hard for the forthcoming entrance exam that I do not have the _____ of a free weekend to rest.
    (A) luxury　　(B) license　　(C) limitation　　(D) strength

14. Kim was completely _____ after jogging in the hot sun all afternoon; she had little energy left.
    (A) kicked out　(B) handed out　　(C) worn out　　(D) put out

15. When Jason failed to pay his bill, the network company _____ his Internet connection.
    (A) cut off　　(B) cut back　　(C) cut short　　(D) cut down

二、綜合測驗（佔 15 分）

說明： 第 16 至 30 題，每題一個空格，請依文意選出最適當的一個選項，標示在答案卡之「選擇題答案區」。每題答對得 1 分，答錯不倒扣。

Dear Son,

　　I am very happy to hear that you are doing well in school. However, I am very concerned with the way you ___16___ money. I understand that college students like to ___17___ parties, movies, and lots of activities, but you also have to learn how to do without certain things. After all, you must live within a limited budget.

　　___18___ the extra money you want for this month, I am sorry that I have decided not to send it to you because I think it is time for you to learn how to live without my help. If I give you a hand every time you have problems with money now, what will you do when you no longer have me to support you? Besides, I remember telling you I used to have two part-time jobs when I was in college just to ___19___. So, if you need money now, you should try either finding a job or cutting down on your ___20___.

　　I understand it is not easy to live on your own. But learning to budget your money is the first lesson you must learn to be independent. Good luck, son. And remember: never spend more than you earn.

Love,
Mom

---

16. (A) manage　　　(B) restrict　　　(C) charge　　　(D) deposit
17. (A) indulge in　　(B) dwell in　　　(C) attend to　　(D) apply to
18. (A) Regarded　　　　　　　　　(B) To regard
　　(C) Being regarded　　　　　　(D) Regarding

19. (A) catch up   (B) get my way
    (C) keep in touch   (D) make ends meet
20. (A) spirit   (B) expenses   (C) savings   (D) estimate

There are two kinds of heroes: heroes who shine in the face of great
danger, who perform an ___21___ act in a difficult situation, and heroes
who live an ordinary life like us, who do their work ___22___ by many of
us, but who ___23___ a difference in the lives of others.

Heroes are selfless people who perform extraordinary acts. The
mark of heroes is not necessarily the result of their action, but ___24___
they are willing to do for others and for their chosen cause. ___25___ they
fail, their determination lives on for others to follow. The glory lies not
in the achievement but in the sacrifice.

21. (A) annoying   (B) interfering   (C) amazing   (D) inviting
22. (A) noticing   (B) noticeable   (C) noticed   (D) unnoticed
23. (A) make   (B) do   (C) tell   (D) count
24. (A) what   (B) who   (C) those   (D) where
25. (A) Not until   (B) Even if   (C) As if   (D) No sooner than

Fans of professional baseball and football argue continually over
which is America's favorite sport. Though the figures on attendance
for each vary with every new season, certain ___26___ remain the same.
To begin with, football is a quicker, more physical sport, and football
fans enjoy the emotional involvement they feel while watching.
Baseball, on the other hand, seems more mental, like chess, and ___27___
those fans that prefer a quieter, more complicated game. ___28___ ,
professional football teams usually play no more than fourteen games a
year. Baseball teams, however, play ___29___ every day for six months.
Finally, football fans seem to love the half-time activities, the marching
bands, and the pretty cheerleaders. ___30___ , baseball fans are more
content to concentrate on the game's finer details and spend the breaks
between innings filling out their own private scorecards.

26. (A) agreements   (B) arguments
    (C) accomplishments   (D) arrangements
27. (A) attracted   (B) is attracted   (C) attract   (D) attracts
28. (A) In addition   (B) As a result   (C) In contrast   (D) To some extent
29. (A) hardly   (B) almost   (C) somehow   (D) rarely
30. (A) Even so   (B) For that reason
    (C) On the contrary   (D) By the same token

三、文意選填（佔 10 分）

說明：第 31 至 40 題，每題一個空格，請依文意在文章後所提供的 (A) 到(J)
      選項中分別選出最適當者，並將其英文字母代號標示在答案卡之「選
      擇題答案區」。每題答對得 1 分，答錯不倒扣。

    Good health is not something you are able to buy, nor can you get
it back with a quick ___31___ to a doctor. Keeping yourself healthy has
to be your own ___32___. If you mistreat your body by keeping bad
habits, ___33___ symptoms of illness, and ignoring common health rules,
even the best medicine can be of little use.

    Nowadays health specialists ___34___ the idea of wellness for
everybody. Wellness means ___35___ the best possible health within
the limits of your body. One person may need fewer calories than
another. Some people might prefer a lot of ___36___ exercise to more
challenging exercise. While one person enjoys playing seventy-two
holes of golf a week, another would rather play three sweaty, competitive
games of tennis.

    Understanding the needs of your body is the ___37___. Everyone
runs the risk of accidents, and no one can be sure of avoiding ___38___
disease. Nevertheless, poor diet, stress, a bad working environment,
and carelessness can ___39___ good health. By changing your habits or
the conditions surrounding you, you can ___40___ the risk or reduce the
damage of disease.

    (A) ruin   (B) visit   (C) neglecting   (D) lower
    (E) easier   (F) responsibility   (G) chronic   (H) key
    (I) promote   (J) achieving

四、閱讀測驗（佔 32 分）

說明：　第 41 至 56 題，每題請分別根據各篇文章之文意選出最適當的一個選
項，標示在答案卡之「選擇題答案區」。每題答對得 2 分，答錯不倒扣。

41-44 為題組

　　Who is more stressed out—the Asian teenager or the American
teenager? Surprise. The American teen wins this contest. According to
a recent study, almost three-quarters of American high school juniors
said they felt stress at least once a week, some almost daily. Fewer
than half of Japanese and Taiwanese eleventh graders reported feeling
stress that often.

　　The phenomenon of stress is the constant interaction between mind
and body. And the influence of one upon the other can be either positive
or negative. What can the mind do to the body? Studies have proved
that watching funny movies can reduce pain and promote healing.
Conversely, worry can give a person an <u>ulcer</u>, high blood pressure, or
even a heart attack.

　　The mind and body work together to produce stress, which is a
bodily response to a stimulus, a response that disturbs the body's
normal physiological balance. However, stress is not always bad. For
example, a stress reaction can sometimes save a person's life by
releasing hormones that enable a person to react quickly and with
greater energy in a dangerous situation. In everyday situations,
too, stress can provide that extra push needed to do something difficult.
But too much stress often injures both the mind and the body. How can
stress be kept under control? *Learn to Lighten Up and Live Longer*, the
best seller of the month, has several good suggestions. So, grab a copy
and start learning how you can reduce stress in your life.

41. What is the writer's main purpose for writing this passage?
    (A) To find who are the most stressed out teenagers.
    (B) To explain that stress is a mental problem.
    (C) To inform the reader how to reduce stress.
    (D) To promote a book about reducing stress.

42. The underlined word **ulcer** in the second paragraph refers to a *particular* kind of
(A) mental illness.　　　　　(B) physical problem.
(C) spiritual healing.　　　　(D) physiological treatment.

43. According to the passage, which of following is a positive effect of stress?
(A) Watching funny movies.
(B) Doing relaxing exercise.
(C) Avoiding difficult things successfully.
(D) Reacting quickly in risky situations.

44. Which of the following is TRUE according to the passage?
(A) Taiwanese teens experience more stress than American teens.
(B) Stress is a state too complicated to be kept under full control.
(C) *Learn to Lighten Up and Live Longer* is a popular book.
(D) Stress is always more positive than harmful to the body.

45-48 為題組

　　Tea was the first brewed beverage. The Chinese emperor Shen Nung in 2737 B.C. introduced the drink. Chinese writer Lu Yu wrote in A.D. 780 that there were "tens of thousands" of teas. Chinese tea was introduced to Japan in A.D. 800. It was then introduced to Europe in the early 1600s, when trade began between Europe and the Far East. At that time, China was the main supplier of tea to the world. Then in 1834, tea cultivation began in India and spread to Sri Lanka, Thailand, Burma, and other areas of Southeast Asia. Today, Java, South Africa, South America, and areas of the Caucasus also produce tea.

　　There are three kinds of tea: black, green, and oolong. Most international tea trading is in black tea. Black tea preparation consists mainly of picking young leaves and leaf buds on a clear sunny day and letting the leaves dry for about an hour in the sun. Then, they are lightly rolled and left in a fermentation room to develop scent and a red color.

Next, they are heated several more times. Finally, the leaves are dried in a basket over a charcoal fire. Green tea leaves are heated in steam, rolled, and dried. Oolong tea is prepared similarly to black tea, but without the fermentation time.

Three main varieties of tea—Chinese, Assamese, and Cambodian—have distinct characteristics. The Chinese variety, a strong plant that can grow to be 2.75 meters high, can live to be 100 years old and survives cold winters. The Assamese variety can grow 18 meters high and lives about 40 years. The Cambodian tea tree grows five meters tall.

Tea is enjoyed worldwide as a refreshing and stimulating drink. Because so many people continue to drink the many varieties of tea, it will probably continue as the world's most popular drink.

45. In the early 1600s, tea was introduced to Europe due to
    (A) revolution.　　　　　　(B) marriage.
    (C) business.　　　　　　 (D) education.

46. According to the passage, which of following is the most popular tea around the world?
    (A) Green tea.　　　　　　(B) Black tea.
    (C) Oolong tea.　　　　　 (D) European tea.

47. According to the passage, which of the following is TRUE about tea preparation?
    (A) Black tea leaves need to be picked on a cloudy day.
    (B) Green tea leaves need to be heated over a charcoal fire.
    (C) The preparation of oolong tea is similar to that of black tea.
    (D) Oolong tea leaves need to be heated in steam before they are rolled.

48. Which of the following statements can be inferred from the passage?
    (A) People drink tea to become rich and healthy.
    (B) Java developed tea cultivation earlier than India.
    (C) Tea plants can grow for only a short period of time.
    (D) People drink tea because of its variety and refreshing effect.

49-52 為題組

Astronauts often work 16 hours a day on the space shuttle in order to complete all the projects set out for the mission. From space, astronauts study the geography, pollution, and weather patterns on Earth. They take many photographs to record their observations. Also, astronauts <u>conduct</u> experiments on the shuttle to learn how space conditions, such as microgravity, affect humans, animals, plants, and insects. Besides working, regular exercise is essential to keep the astronauts healthy in microgravity.

Astronauts sometimes go outside the shuttle to work. They are protected by a space suit from the radiation of the Sun. Meanwhile, the space suit provides necessary oxygen supply and keeps the astronauts from feeling the extreme heat or cold outside the shuttle.

When the mission is over, the crew members get ready to return to Earth. The shuttle does not use its engines for a landing. It glides through the atmosphere. When the shuttle touches the land, a drag parachute opens to steady the aircraft, get the speed right, and help the brakes on the landing-gear wheels to bring it to a complete stop.

49. The passage is mainly about
    (A) how astronauts fly the space shuttle.
    (B) how a space mission is completed.
    (C) how a space shuttle is constructed.
    (D) how far astronauts travel in space.

50. The underlined word **conduct** in the first paragraph is closest in meaning to
    (A) behave.　　(B) instruct.　　(C) serve as.　　(D) carry out.

51. According to the passage, which of the following is NOT true?
    (A) The astronauts need a space suit to work outside the shuttle.
    (B) The astronauts keep themselves warm in a space suit.
    (C) The astronauts need a space suit to survive in space.
    (D) The astronauts can hardly breathe in a space suit.

52. A parachute needs to be opened because it can
    (A) slow down the shuttle.
    (B) stop the shuttle from falling.
    (C) make the shuttle get closer to Earth.
    (D) help the shuttle glide through the atmosphere.

53-56 爲題組

　　Joy Hirsch, a neuroscientist in New York, has recently found evidence that children and adults don't use the same parts of the brain when learning a second language. He used an instrument called an MRI (magnetic resonance imaging) to study the brains of two groups of bilingual people. One group consisted of those who had learned a second language as children. The other consisted of people who learned their second language later in life. People from both groups were placed inside the MRI scanner. This allowed Hirsch to see which parts of the brain were getting more blood and were more active. He asked people from both groups to think about what they had done the day before, first in one language and then the other. They couldn't speak out loud, because any movement would disrupt the scanning.

　　Hirsch looked specifically at two language centers in the brain—Broca's area, believed to control speech production, and Wernicke's area, thought to process meaning. He found that both groups of people used the same part of Wernicke's area no matter what language they were speaking. But how they used Broca's area was different.

People who learned a second language as children used the same region in Broca's area for both languages. People who learned a second language later in life used a special part of Broca's area for their second language—near the one activated for their native tongue.

How does Hirsch explain this difference? He believes that, when language is first being programmed in young children, their brains may mix all languages into the same area. But once that programming is complete, a different part of the brain must take over a new language. Another possibility is simply that we may acquire languages differently as children than we do as adults. Hirsch thinks that mothers teach a baby to speak by using different methods such as touch, sound, and sight. And that's very different from sitting in a high school class.

53. The purpose of this passage is to
   (A) explain how people become bilingual.
   (B) explain how to be a better second language learner.
   (C) describe research into the brains of bilingual people.
   (D) describe the best ways to acquire languages at different ages.

54. In the study, the subjects were placed inside the MRI scanner to
   (A) observe the activities of the brains when they used languages.
   (B) observe the movements of the brains when they spoke out loud.
   (C) describe the functions of the areas of the brains when they slept.
   (D) describe the best areas of the brains for learning second languages.

55. The language center in the brain that is believed to control speech production is called
   (A) MRI.   (B) native tongue.
   (C) Wernicke's area.   (D) Broca's area.

56. According to the passage, which of the following is TRUE for bilingual people?
   (A) Those who spoke different languages used the same part of Wernicke's area.
   (B) Those who spoke different languages always used the same part of Broca's area.
   (C) Those who spoke the same language never used Broca's area and Wernicke's area.
   (D) Those who spoke different languages always used different parts of Wernicke's area.

第貳部份：非選擇題（佔 28 分）

一、翻譯題（佔 8 分）

說明： 1. 請將以下兩個中文句子譯成正確、通順、達意的英文，並將答案寫在「答案卷」上。
    2. 請依序作答，並標明題號。每題 4 分，共 8 分。

1. 一般人都知道閱讀對孩子有益。
2. 老師應該多鼓勵學生到圖書館借書。

二、英文作文（佔 20 分）

說明： 1. 依提示在「答案卷」上寫一篇英文作文。
    2. 文長 100 個單詞（words）左右。

提示： 根據下列連環圖畫的內容，將圖中女子、小狗與大猩猩（gorilla）之間所發生的事件作一合理的敘述。

95年度學科能力測驗英文科試題詳解

第壹部分：單選題

一、詞彙：

1. (**D**) If we can <u>afford</u> to, we will take a vacation abroad in the summer.
   如果<u>負擔得起</u>，我們將在夏天時出國度假。
   (A) pay〔pe〕*v.* 支付 　　　(B) move〔muv〕*v.* 移動；搬家
   (C) expose〔ɪk'spoz〕*v.* 暴露　(D) ***afford***〔ə'fɔrd〕*v.* 負擔得起
   take a vacation 度假　　abroad〔ə'brɔd〕*adv.* 到國外

2. (**B**) A <u>common</u> mistake found in parenthood is that parents often set unrealistic goals for their children.
   在親子關係中，一個<u>常見的</u>錯誤是，父母常會為他們的孩子設定不切實際的目標。
   (A) terrific〔tə'rɪfɪk〕*adj.* 很棒的
   (B) ***common***〔'kɑmən〕*adj.* 常見的
   (C) straight〔stret〕*adj.* 直的
   (D) favorable〔'fevərəbḷ〕*adj.* 有利的
   parenthood〔'pɛrənt,hud〕*n.* 親子關係；父母的身分
   set〔sɛt〕*v.* 設定　　unrealistic〔,ʌnrɪə'lɪstɪk〕*adj.* 不切實際的
   goal〔gol〕*n.* 目標

3. (**A**) Some words, such as "sandwich" and "hamburger," were <u>originally</u> the names of people or even towns.
   有些字，像是「三明治」和「漢堡」，<u>本來</u>是人名，或甚至是鎮名。
   (A) ***originally***〔ə'rɪdʒənḷɪ〕*adv.* 本來
   (B) ideally〔aɪ'diəlɪ〕*adv.* 理想地
   (C) relatively〔'rɛlətɪvlɪ〕*adv.* 相對地
   (D) sincerely〔sɪn'sɪrlɪ〕*adv.* 衷心地
   such as 像是　　sandwich〔'sændwɪtʃ〕*n.* 三明治
   hamburger〔'hæmbɝɡə〕*n.* 漢堡　　town〔taun〕*n.* 城鎮

4. (**B**) Have you ever <u>wondered</u> how the ancient Egyptians created such marvelous feats of engineering as the pyramids?

你是否曾<u>想知道</u>，古埃及人是如何創造像金字塔這樣，如此令人驚嘆的工程壯舉？

(A) conclude〔kən'klud〕*v.* 下結論

(B) *wonder*〔'wʌndə〕*v.* 想知道

(C) admit〔əd'mɪt〕*v.* 承認

(D) persuade〔pə'swed〕*v.* 說服

ancient〔'enʃənt〕*adj.* 古代的　　Egyptian〔ɪ'dʒɪpʃən〕*n.* 埃及人
creat〔krɪ'et〕*v.* 創造　　marvelous〔'mɑrvləs〕*adj.* 令人驚嘆的
feat〔fit〕*n.* 功績；豐功偉業　　engineering〔,ɛndʒə'nɪrɪŋ〕*n.* 工程
pyramid〔'pɪrəmɪd〕*n.* 金字塔

5. (**C**) Mr. Johnson was disappointed at his students for having a passive learning <u>attitude</u>.

學生消極的學習<u>態度</u>令強森先生感到失望。

(A) result〔rɪ'zʌlt〕*n.* 結果

(B) progress〔'prɑgrɛs〕*n.* 進步

(C) *attitude*〔'ætə,tjud〕*n.* 態度

(D) energy〔'ɛnə.dʒɪ〕*n.* 活力

disappointed〔,dɪsə'pɔɪntɪd〕*adj.* 失望的
passive〔'pæsɪv〕*adj.* 消極的；被動的

6. (**B**) Anne dreaded giving a speech before three hundred people; even thinking about it made her <u>anxious</u>.

安對於要面對三百個人發表演說感到害怕，光是想到就讓她<u>焦慮不安</u>。

(A) passionate〔'pæʃənɪt〕*adj.* 熱情的

(B) *anxious*〔'æŋkʃəs〕*adj.* 焦慮的；不安的

(C) ambitious〔æm'bɪʃəs〕*adj.* 有野心的

(D) optimistic〔,ɑptə'mɪstɪk〕*adj.* 樂觀的

dread〔drɛd〕*v.* 害怕　　speech〔spitʃ〕*n.* 演說
give a speech 發表演說

7. (**A**) I had to <u>decline</u> Jack's invitation to the party because it conflicted with an important business meeting.

我必須<u>拒絕</u>傑克的派對邀請，因爲它和一個重要的業務會議衝突了。

(A) *decline* 〔 dɪ'klaɪn 〕 *v.* 拒絕

(B) depart 〔 dɪ'pɑrt 〕 *v.* 離開

(C) devote 〔 dɪ'vot 〕 *v.* 奉獻

(D) deserve 〔 dɪ'zɜv 〕 *v.* 應得

invitation 〔͵ɪnvə'teʃən 〕 *n.* 邀請　　conflict 〔 kən'flɪkt 〕 *v.* 衝突

8. (**C**) Selling fried chicken at the night market doesn't seem to be a decent business, but it is actually quite <u>profitable</u>.

在夜市賣炸雞似乎不是很好的行業，但實際上是相當<u>有利潤的</u>。

(A) plentiful 〔'plɛntɪfəl 〕 *adj.* 豐富的

(B) precious 〔'prɛʃəs 〕 *adj.* 珍貴的

(C) *profitable* 〔'prɑfɪtəbḷ 〕 *adj.* 有利的

(D) productive 〔 prə'dʌktɪv 〕 *adj.* 有生產力的

fried chicken 炸雞　　*night market* 夜市

seem 〔 sim 〕 *v.* 似乎　　decent 〔'disṇt 〕 *adj.* 不錯的

business 〔'bɪznɪs 〕 *n.* 行業；生意　　actually 〔'æktʃuəlɪ 〕 *adv.* 實際上

quite 〔 kwaɪt 〕 *adv.* 相當

9. (**D**) The passengers <u>narrowly</u> escaped death when a bomb exploded in the subway station, killing sixty people.

當炸彈在地鐵站裡爆炸，造成六十人死亡時，這些乘客<u>勉強死裡逃生</u>。

(A) traditionally 〔 trə'dɪʃənḷɪ 〕 *adv.* 傳統上

(B) valuably 〔'væljuəblɪ 〕 *adv.* 昂貴地

(C) loosely 〔'luslɪ 〕 *adv.* 寬鬆地

(D) *narrowly* 〔'nærolɪ 〕 *adv.* 勉強地

passenger 〔'pæsṇdʒɚ 〕 *n.* 乘客

escape 〔 ə'skep 〕 *v.* 逃脫；逃過　　bomb 〔 bɑm 〕 *n.* 炸彈

explode 〔 ɪk'splod 〕 *v.* 爆炸　　subway 〔'sʌb͵we 〕 *n.* 地下鐵

subway station 地鐵站

10. (**C**) Jerry didn't <u>recognize</u> his primary school classmate Mary until he
　　listened to her self-introduction.
　　傑瑞直到聽了瑪麗的自我介紹，才<u>認出</u>她是他的小學同學。

　　(A) acquaint〔ə'kwent〕*v.* 使認識
　　(B) acquire〔ə'kwaɪr〕*v.* 獲得
　　(C) *recognize*〔'rɛkəg,naɪz〕*v.* 認出
　　(D) realize〔'riə,laɪz〕*v.* 了解；知道

　　primary〔'praɪ,mɛrɪ〕*adj.* 初級的　　**primary school** 小學
　　not…until~ 直到~才…
　　self-introduction〔,sɛlf,ɪntrə'dʌkʃən〕*n.* 自我介紹

11. (**A**) With the completion of several public <u>transportation</u> projects, such
　　as the MRT, commuting to work has become easier for people
　　living in the suburbs. 隨著幾個大眾<u>運輸</u>計劃的完成，例如大眾捷
　　運系統，對住在郊區的人而言，通勤上班更便利了。

　　(A) *transportation*〔,trænspɚ'teʃən〕*n.* 運輸
　　(B) traffic〔'træfɪk〕*n.* 交通　　　(C) travel〔'trævl̩〕*v.* 旅行
　　(D) transfer〔træns'fɝ〕*v.* 轉移；轉車

　　with〔wɪð〕*prep.* 隨著　　completion〔kəm'pliʃən〕*n.* 完成
　　public〔'pʌblɪk〕*adj.* 大眾的　　project〔'pradʒɛkt〕*n.* 計劃
　　MRT 大眾捷運系統（ = *Mass Rapid Transit* ）
　　commute〔kə'mjut〕*v.* 通勤　　suburbs〔'sʌbɝbz〕*n. pl.* 郊區

12. (**C**) With a good <u>command</u> of both Chinese and English, Miss Lin was
　　assigned the task of oral interpretation for the visiting American
　　delegation.
　　林小姐<u>精通</u>中英文，所以被指派擔任美國訪問團的口譯員。

　　(A) writing〔'raɪtɪŋ〕*n.* 寫
　　(B) program〔'progræm〕*n.* 計劃；節目
　　(C) *command*〔kə'mænd〕*n.* （對語言）運用自如的能力
　　　　good command of 精通（語言）
　　(D) impression〔ɪm'prɛʃən〕*n.* 印象

　　assign〔ə'saɪn〕*v.* 指派　　task〔tæsk〕*n.* 工作
　　oral〔'orəl〕*adj.* 口頭的　　interpretation〔ɪn,tɝprɪ'teʃən〕*n.* 口譯
　　visiting〔'vɪzɪtɪŋ〕*adj.* 訪問的　　delegation〔,dɛlə'geʃən〕*n.* 代表團

13. (**A**)　I am studying so hard for the forthcoming entrance exam that I do not have the <u>luxury</u> of a free weekend to rest.

為了即將到來的入學考試，我很努力用功，所以我不<u>奢望</u>有空閒的週末可以休息。

(A) ***luxury*** (ˈlʌkʃərɪ) *n.* 奢望；奢侈的事
(B) license (ˈlaɪsn̩s) *n.* 許可證
(C) limitation (ˌlɪməˈteʃən) *n.* 限制
(D) strength (strɛŋθ) *n.* 力量

forthcoming (ˈforθˈkʌmɪŋ) *adj.* 即將到來的
entrance (ˈɛntrəns) *n.* 入學
free (fri) *adj.* 空閒的　　　rest (rɛst) *v.* 休息

14. (**C**)　Kim was completely <u>worn out</u> after jogging in the hot sun all afternoon; she had little energy left.

金姆在大太陽底下慢跑一整個下午後，完全<u>筋疲力竭</u>了，幾乎沒剩多少力氣。

(A) kick out 開除；解雇
(B) hand out 分發；分配
(C) ***worn out*** 筋疲力竭的
(D) put out 熄滅

completely (kəmˈplitlɪ) *adv.* 完全地
jog (dʒɑg) *v.* 慢跑　　　little (ˈlɪtl̩) *adj.* 幾乎沒有的
energy (ˈɛnədʒɪ) *n.* 氣力；活力　　　leave (liv) *v.* 剩下

15. (**A**)　When Jason failed to pay his bill, the network company <u>cut off</u> his Internet connection.

當傑森沒有繳帳單時，網路公司就<u>切斷</u>了他的網際網路連結。

(A) ***cut off*** 切斷　　　　　　　(B) cut back 減少
(C) cut short 縮短　　　　　　　(D) cut down 削減；減少

fail to V. 未能～　　　bill (bɪl) *n.* 帳單
network (ˈnɛtˌwɝk) *n.* 網路
Internet (ˈɪntəˌnɛt) *n.* 網際網路
connection (kəˈnɛkʃən) *n.* 連結

二、綜合測驗：

Dear Son,

    I am very happy to hear that you are doing well in school. However, I am very concerned with the way you <u>manage</u> money. I understand that
16

college students like to <u>indulge in</u> parties, movies, and lots of activities,
17

but you also have to learn how to do without certain things. After all, you must live within a limited budget.

親愛的兒子：

    聽到你在學校的功課很好，我很高興。不過，我非常關心你用錢的方式。我知道大學生都喜歡沉迷於派對、電影，以及許多活動，但你也必須學習如何做取捨。畢竟，你必須用有限的預算過活。

> ***do well*** 表現好；考得好   however〔hau'ɛvɚ〕*adv.* 然而
> **concerned**〔kən'sɝnd〕*adj.* 關心的；擔心的   way〔we〕*n.* 方式
> ***lots of*** 很多   activity〔æk'tɪvətɪ〕*n.* 活動
> ***do without*** 省去；不用   certain〔'sɝtn̩〕*adj.* 某些
> ***after all*** 畢竟   within〔wɪð'ɪn〕*prep.* 在…之內
> **limited**〔'lɪmɪtɪd〕*adj.* 有限的   budget〔'bʌdʒɪt〕*n.* 預算

16. (**A**) 依句意，選 (A) ***manage***〔'mænɪdʒ〕*v.* 管理。而 (B) restrict〔rɪ'strɪkt〕*v.* 限制，(C) charge〔tʃɑrdʒ〕*v.* 收費，(D) deposit〔dɪ'pɑzɪt〕*v.* 存 (款)，均不合句意。

17. (**A**) 依句意，選 (A) ***indulge in***「沉迷於」。而 (B) dwell in「居住在」，(C) attend to「注意聽；專心於；照料」，(D) apply to「適用於」，均不合句意。

    <u>Regarding</u> the extra money you want for this month, I am sorry that I
18

have decided not to send it to you because I think it is time for you to learn how to live without my help. If I give you a hand every time you have problems with money now, what will you do when you no longer have me to support you? Besides, I remember telling you I used to have

two part-time jobs when I was in college just to <u>make ends meet</u>. So, if
19
you need money now, you should try either finding a job or cutting down
on your <u>expenses</u>.
20

　　關於你這個月想多要的錢，很抱歉，我已經決定不要寄給你，因爲我認爲，
是該讓你學會，如何不靠我的幫助來過活的時候了。如果現在你每次有金錢
方面的問題時，我都幫助你，那麼當我不再資助你時，你該怎麼辦？而且，
我記得我告訴過你，當我唸大學時，有兩份兼差的工作，才能使收支平衡。所
以，如果你現在需要錢，你就應該試著找份工作，或是減少開支。

> extra〔ˈɛkstrə〕*adj.* 額外的　　　***give sb. a hand*** 幫忙某人
> ***no longer*** 不再　　support〔səˈport〕*v.* 支持；資助
> besides〔bɪˈsaɪdz〕*adv.* 此外　　***used to V.*** 以前～
> part-time〔ˈpɑrtˈtaɪm〕*adj.* 兼差的
> ***either*** A ***or*** B　A 或 B；不是 A 就是 B　　***cut down on*** 減少

18. (**D**) 空格應塡一介系詞，且依句意，選 (D) ***regarding***〔rɪˈɡɑrdɪŋ〕*prep.*
　　　關於 (= *concerning* = *respecting* = *about*)。而 (A) (B) (C) 的 regard
　　　〔rɪˈɡɑrd〕*v.* 認爲，則不合句意。

19. (**D**) 依句意，選 (D) ***make ends meet***「使收支平衡；量入爲出」(= *make
　　　both ends meet*)。而 (A) catch up「趕上」，(B) get *one's* way「隨心
　　　所欲；爲所欲爲」(= *get one's own way*)，(C) keep in touch「保持
　　　聯絡」，均不合句意。

20. (**B**) 依句意，你應該試著找份工作，或是減少「開支」，選 (B) ***expenses***
　　　〔ɪkˈspɛnsɪz〕*n. pl.* 開支；花費。而 (A) spirit〔ˈspɪrɪt〕*n.* 精神，(C)
　　　savings〔ˈsevɪŋz〕*n.* 儲金；存款，(D) estimate〔ˈɛstəmɪt〕*n.* 估計，
　　　均不合句意。

　　I understand it is not easy to live on your own. But learning to budget
your money is the first lesson you must learn to be independent. Good
luck, son. And remember: never spend more than you earn.

　　　　　　　　　　　　　　　　　　Love,

　　　　　　　　　　　　　　　　　　　Mom

　　我知道自力更生並不容易。但是學習把錢編列預算，是你想獨立時，必須學習的第一課。兒子，祝你好運。而且要記得：絕對不要花超過你所賺的。

愛你的，

媽媽

on one's own 獨立地；靠自己的力量

budget 〔'bʌdʒɪt 〕 v. 編⋯的預算

independent 〔ˌɪndɪ'pɛndənt 〕 adj. 獨立的　　　earn 〔 ɝn 〕 v. 賺

There are two kinds of heroes: heroes who shine in the face of great danger, who perform an <u>amazing</u> act in a difficult situation, and heroes
21
who live an ordinary life like us, who do their work <u>unnoticed</u> by many of
22
us, but who <u>make</u> a difference in the lives of others.
23

　　英雄有兩種：一種是面對危險能大放異彩，而且在困難的情況中也能表現出色的英雄；另一種英雄和我們一樣過著平凡的生活，我們當中有許多人都不會注意到他們的工作，但他們會對別人的生活產生影響。

hero 〔'hɪro 〕 n. 英雄　　　shine 〔 ʃaɪn 〕 v. 發光；出色；大放異彩

in the face of ~ 面對 ~　　　perform 〔 pɚ'fɔrm 〕 v. 執行；做

act 〔 ækt 〕 n. 行為；舉動　　　situation 〔ˌsɪtʃu'eʃən 〕 n. 情況

live a ~ life 過著 ~ 的生活　　　ordinary 〔'ɔrdṇˌɛrɪ 〕 adj. 普通的

21. (**C**) 依句意，選 (C) **amazing** 〔 ə'mezɪŋ 〕 adj. 驚人的。而 (A) annoying 〔 ə'nɔɪɪŋ 〕 adj. 煩人的；令人討厭的，(B) interfering 〔ˌɪntɚ'fɪrɪŋ 〕 adj. 干涉的；妨礙的，(D) inviting 〔 ɪn'vaɪtɪŋ 〕 adj. 誘人的，均不合句意。

22. (**D**) 依句意，他們做的工作是「不被人所注意的」，為否定且被動，故應選 (D) **unnoticed** 〔 ʌn'notɪst 〕 adj. 不被注意的。而 (A) noticing 為主動進行式，(B) noticeable 〔'notɪsəbḷ 〕 adj. 值得注意的；明顯的，(C) noticed 為肯定被動，均不合。

23. (**A**) **make a difference** 產生差別；有影響

　　Heroes are selfless people who perform extraordinary acts.　The mark of heroes is not necessarily the result of their action, but <u>what</u> they are
24
willing to do for others and for their chosen cause.　<u>Even if</u> they fail, their
25
determination lives on for others to follow.　The glory lies not in the achievement but in the sacrifice.

　　英雄是無私的、表現出非凡行為的人。英雄的標準，未必是根據他們行動的結果，而是他們為了別人，以及為了自己所選擇的目標，願意去做的事情。即使他們失敗了，他們的決心會持續下去，為他人所仿效。這份榮耀不在於他們的成就，而在於他們的犧牲。

　　　selfless〔'sɛlflɪs〕*adj.* 無私的（ = *unselfish* ）
　　　extraordinary〔ɪk'stɔrdn̩,ɛrɪ〕*adj.* 非凡的
　　　mark〔mɑrk〕*n.* 標記；標準
　　　necessarily〔'nɛsə,sɛrəlɪ〕*adv.* 必然地
　　　not necessarily 未必；不一定　　***not*** A ***but*** B　不是 A 而是 B
　　　result〔rɪ'zʌlt〕*n.* 結果　　action〔'ækʃən〕*n.* 行動
　　　willing〔'wɪlɪŋ〕*adj.* 願意的　　chosen〔'tʃozn̩〕*adj.* 選擇的
　　　cause〔kɔz〕*n.* 原因；目標　　determination〔dɪ,tɝmə'neʃən〕*n.* 決心
　　　live on 持續；繼續　　follow〔'fɑlo〕*v.* 遵循；仿效
　　　glory〔'glorɪ〕*n.* 榮耀　　***lie in*** 在於
　　　achievement〔ə'tʃivmənt〕*n.* 成就　　sacrifice〔'sækrə,faɪs〕*n.* 犧牲

24. (**A**) 空格所指的是他們願意做「的事情」，應該用 the thing(s) which，
　　　結合成複合關代，則成 ***what***，故選 (A)。

25. (**B**) 依句意，「即使」他們失敗了，選 (B) ***Even if***。而 (A) not until「直到」，
　　　(C) as if「好像；彷彿」，(D) no sooner～than…「一～就…」，均不合
　　　句意。

　　Fans of professional baseball and football argue continually over which is America's favorite sport.　Though the figures on attendance for each vary with every new season, certain <u>arguments</u> remain the same.　To
26

begin with, football is a quicker, more physical sport, and football fans
enjoy the emotional involvement they feel while watching. Baseball, on
the other hand, seems more mental, like chess, and <u>attracts</u> those fans that
                                                        27
prefer a quieter, more complicated game.

美國的職業棒球迷和職業美式足球迷一直在爭論,何者才是美國最受歡迎的運動。雖然這兩種運動的觀眾出席人數,會隨著每一個新球季而不同,但某些論點仍然是相同的。首先,美式足球是速度較快、較需要體力的運動,而足球迷們喜歡在觀賞球賽時,所感受到的情感投入。而另一方面,棒球似乎比較屬於心理戰,就像下棋一樣,因此所吸引的球迷們,偏愛較安靜、較複雜的比賽。

fan〔fæn〕*n.*(球)迷
professional〔prə'fɛʃənḷ〕*adj.* 職業的
football〔'fʊt,bɔl〕*n.* 美式足球　　argue〔'ɑrgju〕*v.* 爭論
continually〔kən'tɪnjʊəlɪ〕*adv.* 持續地　　figure〔'fɪgɚ〕*n.* 數字
attendance〔ə'tɛndəns〕*n.* 出席　　vary〔'vɛrɪ〕*v.* 改變;不同
season〔'sizṇ〕*n.* 季節;球季　　certain〔'sɝtṇ〕*adj.* 某些
remain〔rɪ'men〕*v.* 仍然;依然　　***to begin with*** 首先
physical〔'fɪzɪkḷ〕*adj.* 身體的
emotional〔ɪ'moʃənḷ〕*adj.* 情感的
involvement〔ɪn'vɑlvmənt〕*n.* 投入
on the other hand 另一方面　　mental〔'mɛntḷ〕*adj.* 心理的
chess〔tʃɛs〕*n.* 西洋棋　　prefer〔prɪ'fɝ〕*v.* 比較喜歡
complicated〔'kɑmplə,ketɪd〕*adj.* 複雜的

26.(**B**) 依句意,某些「論點」仍然是相同的,選 (B) ***argument***〔'ɑrgjəmənt〕
n. 論點。而 (A) agreement〔ə'grimənt〕*n.* 同意;意見一致,(C)
accomplishment〔ə'kɑmplɪʃmənt〕*n.* 成就,(D) arrangement
〔ə'rendʒmənt〕*n.* 安排,均不合句意。

27.(**D**) 這句話的主詞是 Baseball,第一個動詞為 seems,而 and 之後要接
第二個動詞,同樣應為第三人稱單數現在式,故選 (D) ***attracts***。
attract〔ə'trækt〕*v.* 吸引

<u>In addition</u>, professional football teams usually play no more than fourteen
　　28
games a year.　Baseball teams, however, play <u>almost</u> every day for six
　　　　　　　　　　　　　　　　　　　　　29
months.　Finally, football fans seem to love the half-time activities, the
marching bands, and the pretty cheerleaders.　<u>On the contrary</u>, baseball
　　　　　　　　　　　　　　　　　　　　　　　　　　30
fans are more content to concentrate on the game's finer details and spend
the breaks between innings filling out their own private scorecards.

此外，職業美式足球一年的比賽通常只有十四場。然而，職業棒球隊六個月
裡面，幾乎天天有比賽。最後，足球迷似乎很喜歡中場休息的活動，像樂隊的
行進和美麗的啦啦隊長等。相反地，棒球迷就比較滿足於專心在比賽的細節上，
而且他們在局與局之間的休息時間時，都在填寫自己個人的計分卡。

> ***no more than*** 不過；只；僅 (= *only* ; *simply* ; *merely*)
> half-time〔'hæf͵taɪm〕*n.* 上下半場之間的休息時間；中場休息
> march〔mɑrtʃ〕*v.* 行軍；行進　　band〔bænd〕*n.* 樂隊
> pretty〔'prɪtɪ〕*adj.* 漂亮的　　cheerleader〔'tʃɪr͵lidɚ〕*n.* 啦啦隊隊長
> content〔kən'tɛnt〕*adj.* 滿足的
> concentrate〔'kɑnsn͵tret〕*v.* 專心 *< on >*
> fine〔faɪn〕*adj.* 細微的　　detail〔'ditel〕*n.* 細節
> break〔brek〕*n.* 休息　　inning〔'ɪnɪŋ〕*n.* (棒球的) 局
> ***fill out*** 填寫　　private〔'praɪvɪt〕*adj.* 私人的；個人的
> scorecard〔'skor͵kɑrd〕*n.* (高爾夫等的) 計分卡；選手一覽表 (用以
> 　記錄選手的表現)

28. (**A**) 根據句意，接下來是第二組的比較，故轉承語選 (A) ***In addition***
　　　　「此外」。故 (B) as a result「因此」，(C) contrast〔'kɑntræst〕*n.*
　　　　對比，in contrast「對比之下」，(D) extent〔ɪk'stɛnt〕*n.* 程度，
　　　　to some extent「到某種程度；有幾分」，句意均不合。

29. (**B**) 依句意，職棒「幾乎」天天有比賽，選 (B) ***almost***。而(A) hardly
　　　　「幾乎不」，(C) somehow〔'sʌm͵haʊ〕*adv.* 以某種方法；不知怎麼地，
　　　　(D) rarely〔'rɛrlɪ〕*adv.* 很少地，均不合句意。

30. (**C**) 空格置於足球迷和棒球迷的比較之間，應有對比之意，故選 (C) *On the contrary*「相反地」。而 (A) even so「即使如此」，(B) for that reason「爲了那個理由」，(D) token〔'tokən〕*n.* 表徵，by the same token「此外；同樣地」，句意均不合。

三、文意選填：

Good health is not something you are able to buy, nor can you get it back with a quick ³¹(**B**) visit to a doctor. Keeping yourself healthy has to be your own ³²(**F**) responsibility. If you mistreat your body by keeping bad habits, ³³(**C**) neglecting symptoms of illness, and ignoring common health rules, even the best medicine can be of little use.

良好的健康不是你可以買得到的東西，也不是你趕快去看醫生，就可以恢復的。保持身體健康，必須是你自己的責任。如果你一直用壞習慣去虐待你的身體，忽略疾病的症狀，輕忽一般的健康守則，就算給你最好的藥，都沒有什麼用。

health〔hɛlθ〕*n.* 健康　　*be able to V.* 能夠～
get～back 恢復～　　quick〔kwɪk〕*adj.* 快速的
visit〔'vɪzɪt〕*n.* 拜訪；就診　　keep〔kip〕*v.* 保持；維持
healthy〔'hɛlθɪ〕*adj.* 健康的　　own〔on〕*adj.*（某人）自己的
responsibility〔rɪ,spɑnsə'bɪlətɪ〕*n.* 責任
mistreat〔mɪs'trit〕*v.* 虐待　　habit〔'hæbɪt〕*n.* 習慣
neglect〔nɪ'glɛkt〕*v.* 忽視　　symptom〔'sɪmptəm〕*n.* 症狀
illness〔'ɪlnɪs〕*n.* 疾病　　ignore〔ɪg'nor〕*v.* 忽視
common〔'kɑmən〕*adj.* 一般的　　rule〔rul〕*n.* 規則
medicine〔'mɛdəsn〕*n.* 藥　　*be of little use* 沒什麼用

Nowadays health specialists ³⁴(**I**) promote the idea of wellness for everybody. Wellness means ³⁵(**J**) achieving the best possible health within the limits of your body. One person may need fewer calories than another. Some people might prefer a lot of ³⁶(**E**) easier exercise to more challenging exercise. While one person enjoys playing seventy-two holes of golf a week, another would rather play three sweaty, competitive games of tennis.

　　現在健康專家都提倡全民健康的概念。良好的健康的意思是，在你的身體限制之下，達到可能的最佳健康狀態。有人需要的熱量，可能少於其他人。有些人比較喜歡簡單一點的運動，勝於比較具有挑戰性的運動。有人喜歡一週打七十二洞（四場）的高爾夫球，而有人則寧願打三場讓人汗流浹背，且競爭激烈的網球。

nowadays〔'naʊə,dez〕*adv.* 現在　　specialist〔'spɛʃəlɪst〕*n.* 專家

promote〔prə'mot〕*v.* 提倡　　wellness〔'wɛlnɪs〕*n.* 良好的健康

achieve〔ə'tʃiv〕*v.* 達到　　possible〔'pɑsəbḷ〕*adj.* 可能做到的

within〔wɪð'ɪn〕*prep.* 在～之內　　limit〔'lɪmɪt〕*n.* 限制

calory〔'kælərɪ〕*n.* 卡路里（= *calorie*）（熱量的單位）

prefer〔prɪ'fɝ〕*v.* 較喜歡　　*prefer* A *to* B　喜歡 A 勝於 B

exercise〔'ɛksə,saɪz〕*n.* 運動

challenging〔'tʃælɪndʒɪŋ〕*adj.* 有挑戰性的

hole〔hol〕*n.* 洞　　golf〔gɔlf〕*n.* 高爾夫球

would rather V. 寧願～

sweaty〔'swɛtɪ〕*adj.* 使人流汗的

competitive〔kəm'pɛtətɪv〕*adj.* 競爭的

tennis〔'tɛnɪs〕*n.* 網球

　　Understanding the needs of your body is the ³⁷(H) key.　Everyone runs the risk of accidents, and no one can be sure of avoiding ³⁸(G) chronic disease.　Nevertheless, poor diet, stress, a bad working environment, and carelessness can ³⁹(A) ruin good health.　By changing your habits or the conditions surrounding you, you can ⁴⁰(D) lower the risk or reduce the damage of disease.

　　了解你身體的需求是關鍵。每個人都冒著發生意外的危險，但沒有人有把握避免慢性疾病。然而，差勁的飲食、壓力、不良的工作環境，以及粗心大意，都會破壞良好健康。藉由改變你的習慣或是周遭的環境，就可以降低生病的風險，或減少疾病帶來的損害。

understand〔,ʌndə'stænd〕*v.* 了解　　need〔nid〕*n.* 需要

key〔ki〕*n.* 關鍵　　run〔rʌn〕*v.* 冒（危險）

risk〔rɪsk〕*n.* 危險；風險　　*run the risk of* 冒～的危險

accident〔'æksədənt〕n. 意外　　*be sure of* 確實；有把握

avoid〔ə'vɔɪd〕v. 避免　　chronic〔'krɑnɪk〕adj. 慢性的

disease〔dɪ'ziz〕n. 疾病　　nevertheless〔,nɛvəðə'lɛs〕adv. 然而

poor〔pʊr〕adj. 差勁的　　diet〔'daɪət〕n. 飲食

stress〔strɛs〕n. 壓力　　environment〔ɪn'vaɪrənmənt〕n. 環境

carelessness〔'kɛrlɪsnɪs〕n. 粗心　　ruin〔'ruɪn〕v. 破壞

change〔tʃendʒ〕v. 改變　　condition〔kən'dɪʃən〕n. 情況

surround〔sə'raʊnd〕v. 圍繞　　lower〔'loɚ〕v. 降低

reduce〔rɪ'djus〕v. 減少　　damage〔'dæmɪdʒ〕n. 損害

四、閱讀測驗：

41-44 爲題組

Who is more stressed out—the Asian teenager or the American teenager? Surprise. The American teen wins this contest. According to a recent study, almost three-quarters of American high school juniors said they felt stress at least once a week, some almost daily. Fewer than half of Japanese and Taiwanese eleventh graders reported feeling stress that often.

誰的壓力比較大——亞洲的青少年還是美國的青少年？眞令人驚訝。美國的青少年在這項比賽中獲勝了。根據最近的一項研究指出，有將近四分之三的美國高二學生表示，他們每週至少會有一次感到壓力大，而有些人則幾乎天天都覺得壓力大。但是日本和台灣的高二學生，那麼常感到壓力大的，卻不到二分之一。

be stressed out 緊張；感到有壓力　　teenager〔'tin,edʒɚ〕n. 青少年

surprise〔sə'praɪz〕interj. 眞令人驚訝！　　teen〔tin〕n. 青少年

contest〔'kɑntɛst〕n. 比賽　　*according to* 根據

recent〔'risn̩t〕adj. 最近的　　*three-quarters* 四分之三的

junior〔'dʒunjɚ〕n. 高二學生　　stress〔strɛs〕n. 壓力；緊張

at least 至少　　*once a week* 每週一次

half〔hæf〕n. 一半；二分之一　　Japanese〔,dʒæpə'niz〕adj. 日本的

Taiwanese〔,taɪwɑ'niz〕adj. 台灣的　　grader〔'gredɚ〕n. …年級學生

an eleventh grader 高二學生【美國的學制與亞洲國家不同，他們的十一年級，大約等於台灣的高二】

report〔rɪ'port〕v. 報告；說

The phenomenon of stress is the constant interaction between mind and body. And the influence of one upon the other can be either positive or negative. What can the mind do to the body? Studies have proved that watching funny movies can reduce pain and promote healing. Conversely, worry can give a person an <u>ulcer</u>, high blood pressure, or even a heart attack.

壓力的現象,是身心不斷交互作用下的產物。而一方對另一方的影響,可能是正面或負面的。心能對身體做什麼呢?研究證明,看有趣的電影能夠減輕痛苦,並促進身體康復。相反地,憂慮可能會使人有潰瘍、高血壓,或甚至是心臟病發作。

phenomenon〔 fə'namə,nan 〕n. 現象
constant〔'kanstənt 〕adj. 持續不斷的
interaction〔,ɪntə'ækʃən 〕n. 交互作用　　mind〔 maɪnd 〕n. 心;精神
influence〔'ɪnfluəns 〕n. 影響　　either A or B　不是 A 就是 B
positive〔'pazətɪv 〕adj. 正面的　　negative〔'nɛgətɪv 〕adj. 負面的
prove〔 pruv 〕v. 證明　　funny〔'fʌnɪ 〕adj. 有趣的
reduce〔 rɪ'djus 〕v. 減輕;減少　　pain〔 pen 〕n. 痛苦
promote〔 prə'mot 〕v. 促進　　healing〔'hilɪŋ 〕n. 治療;康復
conversely〔 kən'vɝslɪ 〕adv. 相反地　　worry〔'wɝɪ 〕n. 憂慮
ulcer〔'ʌlsə 〕n. 潰瘍　　**high blood pressure**　高血壓
heart attack　心臟病發作

The mind and body work together to produce stress, which is a bodily response to a stimulus, a response that disturbs the body's normal physiological balance. However, stress is not always bad. For example, a stress reaction can sometimes save a person's life by releasing hormones that enable a person to react quickly and with greater energy in a dangerous situation.

在身心的共同作用下產生了壓力,壓力是身體對刺激的反應,而這種反應會干擾身體的正常生理平衡。但是,壓力不一定是壞事。舉例來說,壓力的反應有時可以救人一命,這種反應會使人體釋放出荷爾蒙,讓人在危險的狀態下,可以快速反應,而且擁有較大的力氣。

produce〔prəˋdjus〕v. 產生　　bodily〔ˋbɑdɪlɪ〕adj. 身體的
response〔rɪˋspɑns〕n. 反應　　stimulus〔ˋstɪmjələs〕n. 刺激
disturb〔dɪˋstɝb〕v. 干擾　　normal〔ˋnɔrml̩〕adj. 正常的
physiological〔ˌfɪzɪəˋlɑdʒɪkl̩〕adj. 生理上的
balance〔ˋbæləns〕n. 平衡　　*not always* 不一定
reaction〔rɪˋækʃən〕n. 反應　　release〔rɪˋlis〕v. 釋放
hormone〔ˋhɔrmon〕n. 荷爾蒙　　enable〔ɪnˋebl̩〕v. 使能夠
react〔rɪˋækt〕v. 反應　　energy〔ˋɛnədʒɪ〕n. 力量
situation〔ˌsɪtʃʊˋeʃən〕n. 狀態

In everyday situations, too, stress can provide that extra push needed to do
something difficult. But too much stress often injures both the mind and
the body. How can stress be kept under control? *Learn to Lighten Up and
Live Longer*, the best seller of the month, has several good suggestions.
So, grab a copy and start learning how you can reduce stress in your life.
在日常的工作中也是如此，壓力可以提供從事困難工作所需的額外精力。但是
壓力太大常會使身心受創。怎樣才能把壓力控制好呢？本月暢銷書「學會放輕
鬆才能活得久」有幾個好建議。所以，趕快去找一本來看，然後開始學習如何
減輕你的生活壓力。

situation〔ˌsɪtʃʊˋeʃən〕n. 工作　　provide〔prəˋvaɪd〕v. 提供
extra〔ˋɛkstrə〕adj. 額外的　　push〔pʊʃ〕n. 精力；進取的精神
injure〔ˋɪndʒə〕v. 使受傷　　lighten〔ˋlaɪtn̩〕v.（心情、精神）變輕鬆
lighten up 放輕鬆　　*best seller* 暢銷書
several〔ˋsɛvərəl〕adj. 幾個的　　suggestion〔səˋdʒɛstʃən〕n. 建議
grab〔græb〕v. 抓取；匆忙地做　　copy〔ˋkɑpɪ〕n. 本；冊

41.（ **D** ）作者寫這篇文章的主要目的是？
　　(A) 查出哪些青少年的壓力最大。
　　(B) 解釋壓力是一種心理問題。
　　(C) 告訴讀者如何減輕壓力。
　　(D) 推銷一本關於減輕壓力的書。

main〔men〕adj. 主要的　　purpose〔ˋpɝpəs〕n. 目的
explain〔ɪkˋsplen〕v. 解釋　　mental〔ˋmɛntl̩〕adj. 心理的
inform〔ɪnˋfɔrm〕v. 告訴　　promote〔prəˋmot〕v. 推銷

42. (**B**) 第二段中畫底線的字 **"ulcer"**，指的是一種特殊的 _____
    (A) 心理疾病。   (B) 身體的問題。
    (C) 精神上的治療。   (D) 生理的治療。
    underlined〔͵ʌndɚˈlaɪnd〕*adj.* 畫底線的　　refer〔rɪˈfɝ〕*v.* 指
    particular〔pɚˈtɪkjəlɚ〕*adj.* 特殊的　　illness〔ˈɪlnɪs〕*n.* 疾病
    physical〔ˈfɪzɪkl̩〕*adj.* 身體的　　spiritual〔ˈspɪrɪtʃʊəl〕*adj.* 精神上的
    treatment〔ˈtritmənt〕*n.* 治療

43. (**D**) 根據本文，下列何者是壓力所造成的正面影響？
    (A) 看有趣的電影。
    (B) 做放鬆的運動。
    (C) 成功地逃避困難的事。
    (D) 在危險的狀態下快速反應。
    relaxing〔rɪˈlæksɪŋ〕*adj.* 令人放鬆的　　avoid〔əˈvɔɪd〕*v.* 逃避
    successfully〔səkˈsɛsfəlɪ〕*adv.* 成功地　　risky〔ˈrɪskɪ〕*adj.* 危險的

44. (**C**) 根據本文，下列何者正確？
    (A) 台灣青少年所經歷的壓力，比美國青少年還大。
    (B) 壓力是一種很複雜的狀態，所以無法完全掌控。
    (C) 「學會放輕鬆才能活得久」是一本很受歡迎的書。
    (D) 壓力對身體而言，總是利多於弊。
    experience〔ɪkˈspɪrɪəns〕*v.* 經歷；體會　　state〔stet〕*n.* 狀態
    complicated〔ˈkɑmplə͵ketɪd〕*adj.* 複雜的
    popular〔ˈpɑpjəlɚ〕*adj.* 受歡迎的
    positive〔ˈpɑzətɪv〕*adj.* 正面的；有用的
    harmful〔ˈhɑrmfəl〕*adj.* 有害的

45-48 為題組

    Tea was the first brewed beverage. The Chinese emperor Shen Nung in 2737 B.C. introduced the drink. Chinese writer Lu Yu wrote in A.D. 780 that there were "tens of thousands" of teas. Chinese tea was introduced to Japan in A.D. 800. It was then introduced to Europe in the early 1600s, when trade began between Europe and the Far East. At that time, China was the main supplier of tea to the world. Then in 1834, tea cultivation began in India and spread to Sri Lanka, Thailand, Burma, and other areas of Southeast Asia. Today, Java, South Africa, South America, and areas of the Caucasus also produce tea.

　　茶是第一種釀造的飲料。西元前二七三七年，中國的皇帝神農氏（炎帝）讓茶問世。西元七八〇年，根據中國作家陸羽的記載，茶有數萬種之多。中國的茶在西元八〇〇年引進日本。之後，在十七世紀初引進歐洲，當時歐洲和遠東地區開始進行貿易。在那時候，中國是全世界茶的主要供應國。隨後，於一八三四年，印度開始栽種茶，然後傳到斯里蘭卡、泰國、緬甸，還有其他東南亞地區。現在，爪哇、南非、南美，還有高加索山脈的一些區域，也都有產茶。

> brewed〔brud〕*adj.* 釀造的　　beverage〔'bɛvrɪdʒ〕*n.* 飲料
> emperor〔'ɛmpərɚ〕*n.* 皇帝
> **Shen Nung** 神農氏（又稱炎帝，在位 140 年，因生長於姜水，故姓姜，
> 　　生於新石器時代晚期，他製作農耕用具，並教導人民從事農業生產。）
> introduce〔,ɪntrə'djus〕*v.* 介紹；引進；使問世
> **Lu Yu** 陸羽（字鴻漸，是我國第一位著茶經而將茶藝發揚光大的人，
> 　　後世經營茶業者奉之為「茶神」。）
> trade〔tred〕*n.* 貿易；交易　　*the Far East* 遠東
> supplier〔sə'plaɪɚ〕*n.* 供應者
> spread〔sprɛd〕*v.* 散播；散布
> cultivation〔,kʌltə'veʃən〕*n.*（土地的）耕作；（作物的）栽種
> Sri Lanka〔,sri'læŋkə〕*n.* 斯里蘭卡（位於印度東南方，舊稱錫蘭）
> Burma〔'bɝmə〕*n.* 緬甸
> Java〔'dʒɑvə〕*n.* 爪哇（印尼共和國的主要島嶼）
> Caucasus〔'kɔkəsəs〕*n.* 高加索山脈（位於俄國西南部，介於黑海跟
> 　　裏海之間的山脈）

　　There are three kinds of tea: black, green, and oolong. Most international tea trading is in black tea. Black tea preparation consists mainly of picking young leaves and leaf buds on a clear sunny day and letting the leaves dry for about an hour in the sun. Then, they are lightly rolled and left in a fermentation room to develop scent and a red color. Next, they are heated several more times. Finally, the leaves are dried in a basket over a charcoal fire.　Green tea leaves are heated in steam, rolled, and dried.　Oolong tea is prepared similarly to black tea, but without the fermentation time.

　　茶有三種：紅茶、綠茶，以及烏龍茶。大部份的國際貿易茶品是紅茶。紅茶主要的製作過程包含，在晴朗的日子裡，採收茶的嫩葉和葉芽，並在太陽底下曝曬大約一小時，使葉子乾燥。然後，把葉子稍微捲起來，放在發酵室裡，培養香氣以及紅的顏色。接下來，再加熱數次。最後，把葉子裝在籃子裡面，用炭火加熱。綠茶的葉子用蒸氣加熱、捲製，然後乾燥。烏龍茶的製作方法跟紅茶類似，但是不需要經過發酵。

oolong（'uloŋ）*n.* 烏龍茶　　　trading（'tredɪŋ）*n.* 貿易
preparation（ˌprɛpə'reʃən）*n.* 準備；製作
mainly（'menlɪ）*adv.* 主要地　　***leaf bud*** 葉芽
lightly（'laɪtlɪ）*adv.* 輕輕地；稍微地　　roll（rol）*v.* 捲製
fermentation（ˌfɜmən'teʃən）*n.* 發酵
scent（sɛnt）*n.* 香味　　dry（draɪ）*v.* 使乾燥
charcoal（'tʃɑrˌkol）*n.* 木炭　　steam（stim）*n.* 蒸氣

　　Three main varieties of tea—Chinese, Assamese, and Cambodian—have distinct characteristics.　The Chinese variety, a strong plant that can grow to be 2.75 meters high, can live to be 100 years old and survives cold winters.　The Assamese variety can grow 18 meters high and lives about 40 years.　The Cambodian tea tree grows five meters tall.

　　茶的種類主要有三種：中國的、阿薩姆的、以及柬埔寨的，各具特色。中國茶的茶樹很堅韌，可以長到二點七五公尺高，樹齡可達一百歲，並且可以耐嚴寒的冬天。阿薩姆的茶樹，可以長到十八公尺高，樹齡可達四十歲。柬埔寨的茶樹，可以長到五公尺高。

variety（və'raɪətɪ）*n.* 種類；多樣性
Assamese（ˌæsə'miz）*adj.* 阿薩姆的【阿薩姆（Assam）是印度東北部的
　一省，以產紅茶聞名。】　　Cambodian（kæm'bodɪən）*adj.* 柬埔寨的
　【柬埔寨（Cambodia）為中南半島南部的一國，後更名高棉，首都金邊。】
distinct（dɪ'stɪŋkt）*adj.* 個別的；不同的　survive（sə'vaɪv）*v.* 存活

Tea is enjoyed worldwide as a refreshing and stimulating drink. Because so many people continue to drink the many varieties of tea, it will probably continue as the world's most popular drink.

因為茶可以提神而且具有刺激性,所以全世界有很多人在喝。由於有很多人持續在喝許多不同種類的茶,因此它仍舊會是全世界最受歡迎的飲料。

> worldwide〔'wɜld'waɪd〕*adj.* 遍及全世界的
> refreshing〔rɪ'frɛʃɪŋ〕*adj.* 提神的
> stimulating〔'stɪmjə,letɪŋ〕*adj.* 刺激的;鼓勵的

45. (**C**) 在十七世紀初,茶被引進歐洲的原因是 _____
    (A) 革命。   (B) 婚姻。
    (C) <u>貿易。</u>   (D) 教育。
    revolution〔,rɛvə'luʃən〕*n.* 革命

46. (**B**) 根據本文,以下何者是世界上最受歡迎的茶?
    (A) 綠茶。   (B) <u>紅茶。</u>
    (C) 烏龍茶。   (D) 歐洲茶。

47. (**C**) 根據本文,關於茶的製作過程,下列何者正確?
    (A) 紅茶的葉子需要在陰天的時候採收。
    (B) 綠茶的葉子需要用炭火加熱。
    (C) <u>烏龍茶的製作過程和紅茶很類似。</u>
    (D) 烏龍茶的葉子在捲製之前要先用蒸氣加熱。

48. (**D**) 從本文中,我們可以推論出下列哪一項敘述?
    (A) 人們為了變富有以及增進健康而喝茶。
    (B) 爪哇栽種茶的時間比印度更早。
    (C) 茶樹只能生長一段短暫的期間。
    (D) <u>人們喝茶的原因是因為它的多樣性,以及提神的效果。</u>

49-52 為題組

　　Astronauts often work 16 hours a day on the space shuttle in order to complete all the projects set out for the mission. From space, astronauts study the geography, pollution, and weather patterns on Earth. They take many photographs to record their observations. Also, astronauts **conduct** experiments on the shuttle to learn how space conditions, such as microgravity, affect humans, animals, plants, and insects. Besides working, regular exercise is essential to keep the astronauts healthy in microgravity.

　　太空人在太空梭裡，通常一天工作十六小時，以完成這趟任務要進行的計畫。太空人從太空中研究地球的地理、污染、和天氣型態。他們拍了很多照片，來記錄他們的觀察。此外，太空人在太空梭上做實驗，以了解太空的情況，像是無重力狀態，對人類、動物、植物，和昆蟲有何影響。要使太空人在無重力狀態下保持健康，除了工作以外，規律的運動也是不可或缺的。

astronaut〔'æstrə,nɔt〕n. 太空人　　***space shuttle*** 太空梭 (= *shuttle*)
in order to V. 為了～　　complete〔kəm'plit〕v. 完成
project〔'prɑdʒɛkt〕n. 計畫　　***set out*** 開始；著手進行
mission〔'mɪʃən〕n. 任務　　geography〔dʒi'ɑgrəfɪ〕n. 地理
pollution〔pə'luʃən〕n. 污染　　pattern〔'pætən〕n. 型態
photograph〔'fotə,græf〕n. 照片　　record〔rɪ'kɔrd〕v. 記錄
observation〔,ɑbzə·'veʃən〕n. 觀察
conduct〔kən'dʌkt〕v. 進行；做
experiment〔ɪk'spɛrəmənt〕n. 實驗
condition〔kən'dɪʃən〕n. 狀態；情況
microgravity〔,maɪkro'grævətɪ〕n. 無重力狀態
affect〔ə'fɛkt〕v. 影響　　human〔'hjumən〕n. 人類
insect〔'ɪnsɛkt〕n. 昆蟲
essential〔ə'sɛnʃəl〕adj. 不可或缺的；必要的

　　Astronauts sometimes go outside the shuttle to work. They are protected by a space suit from the radiation of the Sun. Meanwhile, the space suit provides necessary oxygen supply and keeps the astronauts from feeling the extreme heat or cold outside the shuttle.

太空人有時候會走出太空梭工作。太空衣保護他們免於受到太陽的輻射。
同時，太空衣提供必要的氧氣供應，並且保護太空人，免於受到太空梭
外的酷熱或嚴寒。

suit〔 sut 〕*n.* 成套的衣服；套裝　　*space suit* 太空衣

radiation〔,redɪ'eʃən〕*n.* 輻射　　meanwhile〔'min,hwaɪl〕*adv.* 同時

provide〔 prə'vaɪd 〕*v.* 提供　　necessary〔'nɛsə,sɛrɪ〕*adj.* 必要的

oxygen〔'ɑksədʒən〕*adj.* 氧氣的　　*n.* 氧氣

supply〔 sə'plaɪ 〕*n.* 供給；供應　　extreme〔 ɪk'strim 〕*adj.* 極度的

When the mission is over, the crew members get ready to return to
Earth. The shuttle does not use its engines for a landing. It glides through
the atmosphere. When the shuttle touches the land, a drag parachute
opens to steady the aircraft, get the speed right, and help the brakes on the
landing-gear wheels to bring it to a complete stop.

當任務結束時，全體工作人員準備回到地球。太空梭不是用它的引擎著陸。
它滑行穿越大氣層。當太空梭接觸到陸地時，會張開拖曳降落傘，以穩定機體，
調整好速度，並幫助起落架輪子上的煞車，來讓太空梭完全停止。

crew〔 kru 〕*n.* (飛機或宇宙飛船的) 全體機組員

member〔'mɛmbɚ〕*n.* 成員　　engine〔'ɛndʒən〕*n.* 引擎

landing〔'lændɪŋ〕*n.* 著陸　　glide〔 glaɪd 〕*v.* 滑行

atmosphere〔'ætməs,fɪr〕*n.* 大氣層　　drag〔 dræg 〕*n.* 拖曳

parachute〔'pærə,ʃut〕*n.* 降落傘　　steady〔'stɛdɪ〕*v.* 使穩固

aircraft〔'ɛr,kræft〕*n.* 飛行器；航空器　　brake〔 brek 〕*n.* 煞車

landing-gear〔'lændɪŋ'gɪr〕*n.* 起落架

complete〔 kəm'plit 〕*adj.* 完全的

49.(**B**) 本文主要是關於

(A) 太空人如何駕駛太空梭。

(B) 如何完成太空任務。

(C) 如何建造太空梭。

(D) 太空人在太空中航行多遠。

fly〔 flaɪ 〕*v.* 駕駛 (飛機、太空船)　　construct〔 kən'strʌkt 〕*v.* 建造

50.(**D**) 在第一段中，畫底線的字 **conduct** 意思最接近

    (A) 行為舉止。   (B) 教導。

    (C) 充當。   (D) 實行。

    underline〔͵ʌndɚˋlaɪn〕*v.* 在（字等）下面畫線

    behave〔bɪˋhev〕*v.* 行為舉止　　instruct〔ɪnˋstrʌkt〕*v.* 教導

    serve as 充當

51.(**D**) 根據本文，下列何者不正確？

    (A) 太空人需要太空衣才能在太空梭外工作。

    (B) 太空人穿太空衣保暖。

    (C) 太空人需要太空衣才能在太空中生存。

    (D) 太空人在太空衣中幾乎無法呼吸。

    survive〔sɚˋvaɪv〕*v.* 生存　　hardly〔ˋhardlɪ〕*adv.* 幾乎不

    breathe〔brið〕*v.* 呼吸

52.(**A**) 降落傘必須被打開，因為它可以

    (A) 減緩太空梭的速度。   (B) 阻止太空梭免於落下。

    (C) 讓太空梭更接近地球。 (D) 幫助太空梭滑行穿越大氣層。

53-56 為題組

    Joy Hirsch, a neuroscientist in New York, has recently found evidence that children and adults don't use the same parts of the brain when learning a second language. He used an instrument called an MRI (magnetic resonance imaging) to study the brains of two groups of bilingual people. One group consisted of those who had learned a second language as children. The other consisted of people who learned their second language later in life.

    喬依賀須是紐約的神經科學專家，他最近發現一項證據，證明在學習第二種語言時，孩童與成人所使用的大腦部位，並不相同。他使用一種叫做 MRI（核磁共振）的儀器，來研究兩組雙語人士的大腦。一組是由幼年就學習第二國語言的人所組成的。另一組則是由較晚才學第二國語言的人所組成的。

neuroscientist〔͵njʊro'saɪəntɪst〕*n.* 神經科學專家
evidence〔'ɛvədəns〕*n.* 證據　　　adult〔ə'dʌlt〕*n.* 成人
instrument〔'ɪnstrəmənt〕*n.* 儀器
MRI 核磁共振的儀器（ = *magnetic resonance imaging* ）
magnetic〔mæg'nɛtɪk〕*adj.* 磁石的　　　resonance〔'rɛznəns〕*n.* 共振
image〔'ɪmɪdʒ〕*v.* 描繪影像　　　bilingual〔baɪ'lɪŋgwəl〕*adj.* 雙語的
consist of ~ 由~組成

People from both groups were placed inside the MRI scanner. This allowed Hirsch to see which parts of the brain were getting more blood and were more active. He asked people from both groups to think about what they had done the day before, first in one language and then the other. They couldn't speak out loud, because any movement would disrupt the scanning.

兩組人員都被放進核磁共振的掃瞄裝置當中。這麼做讓賀須觀察到，腦中哪一部份得到的血液量較多、較活躍。他叫兩組人員回想一下，前一天做過的事，先用一種語言回想，再用第二種。他們不能大聲說出來，因為任何移動都會中斷掃瞄的進行。

scanner〔'skænɚ〕*n.* 掃瞄器　　　blood〔blʌd〕*n.* 血液
active〔'æktɪv〕*adj.* 活躍的　　***speak out*** 說出來
movement〔'muvmənt〕*n.* 移動　　　disrupt〔dɪs'rʌpt〕*v.* 中斷
scanning〔'skænɪŋ〕*n.* 掃瞄

Hirsch looked specifically at two language centers in the brain — Broca's area, believed to control speech production, and Wernicke's area, thought to process meaning. He found that both groups of people used the same part of Wernicke's area no matter what language they were speaking. But how they used Broca's area was different.

賀須特別查看腦中的兩個語言中心——白洛嘉腦迴區，一般認為它控制語言的產生，以及沃聶克區，一般認為它處理語言的含意。他發現兩組人，無論說的是什麼語言，都使用沃聶克同一個區塊。但是他們使用白洛嘉區的方法就不同了。

specifically〔spɪ'sɪfɪklɪ〕*adv.* 特別地
Broca's area 白洛嘉腦迴區（大腦的左前區）
production〔prə'dʌkʃən〕*n.* 產生
Wernicke's area 沃聶克區　　***no matter what*** 無論哪一個

People who learned a second language as children used the same region in Broca's area for both languages. People who learned a second language later in life used a special part of Broca's area for their second language—near the one activated for their native tongue.

從小就學第二種語言的人，說兩種語言時，都用白洛嘉的同一個區塊。較晚才學習第二語言者，講第二種語言時，用的是白洛嘉特定的一區——很靠近說母語時所啓動的區域。

region (ˊridʒən) *n.* 區域　　activate (ˊæktə͵vet) *v.* 啓動
tongue (tʌŋ) *n.* 語言　　***native tongue*** 母語

How does Hirsch explain this difference? He believes that, when language is first being programmed in young children, their brains may mix all languages into the same area. But once that programming is complete, a different part of the brain must take over a new language. Another possibility is simply that we may acquire languages differently as children than we do as adults. Hirsch thinks that mothers teach a baby to speak by using different methods such as touch, sound, and sight. And that's very different from sitting in a high school class.

賀須如何來解釋此差異？他認爲當語言第一次輸入到幼童的腦中時，他們的大腦會把所有的語言混合在同一區域。但是一旦此輸入過程完成之後，就會由不同的腦區來接掌新的語言。另一種可能性就是，孩童跟成人學語言的方式根本就不相同。賀須認爲母親們使用如觸碰、聲音和視覺等，不同的方法，來教嬰兒說話。而這種教法，跟坐在高中教室裏學習是不一樣的。

explain (ɪkˊsplen) *v.* 解釋　　difference (ˊdɪfərəns) *n.* 差異
program (ˊprogræm) *v.* 輸入程式　　once (wʌns) *conj.* 一旦
complete (kəmˊplit) *adj.* 完成的　　***take over*** 接掌
possibility (͵pɑsəˊbɪlətɪ) *n.* 可能性
acquire (əˊkwaɪr) *v.* 獲得；學會　　method (ˊmɛθəd) *n.* 方式
sight (saɪt) *n.* 視覺　　***be different from*** ~ 和~不同

53. (**C**) 本文主旨爲
(A) 解釋人們如何會說雙語。　(B) 解釋如何把第二種語言說得更好。
(C) 描述雙語人士腦部的研究。
(D) 描述不同年紀學語言的最佳方式。

research (ˊrisɝtʃ) *n.* 研究

54. (**A**) 本研究中，實驗對象被置於核磁共振儀器來
    (A) 觀察使用語言時腦中的活動。
    (B) 觀察大聲說話時腦中的活動。
    (C) 描述睡覺時腦中各區的功能。
    (D) 描述學第二種語言時，最適用的大腦區域。

    subject〔ˈsʌbdʒɪkt〕*n.* 實驗對象
    observe〔əbˈzɝv〕*v.* 觀察   function〔ˈfʌŋkʃən〕*n.* 功能

55. (**D**) 一般認為腦中控制語言產生的中心是
    (A) 核磁共振儀器。   (B) 母語。
    (C) 沃聶克區。   (D) 白洛嘉區。

56. (**A**) 根據本文，有關雙語人士何者正確？
    (A) 說不同語言時，都使用沃聶克的同一區。
    (B) 說不同語言時，都使用白洛嘉的同一區。
    (C) 從不使用白洛嘉區和沃聶克區，來說同一種語言。
    (D) 總是使用沃聶克的不同區域，來說不同的語言。

第貳部分：非選擇題

一、翻譯題

1. People know that reading is $\begin{cases} \text{helpful} \\ \text{advantageous} \\ \text{beneficial} \\ \text{good} \\ \text{useful} \end{cases}$ for children.

2. Teachers should encourage their students to $\begin{cases} \text{borrow} \\ \text{check out} \\ \text{take out} \\ \text{get} \end{cases}$ books from the library.

二、英文作文：

A Romantic Surprise

A young woman is in her kitchen, stir-frying meat and vegetables. Her obedient dog is sitting patiently behind her, enjoying the smell, hoping for some! Suddenly, there is a terrifying growling noise! The startled woman turns and jumps in fright. She drops a plate of food and screams out, "Oh, my God!" A big hairy gorilla is coming at her.

Strangely, the dog is unafraid and starts eating the food happily. Meanwhile, the ferocious-looking gorilla takes off his head. What a surprise! It was a mask! The person underneath the costume is her husband. He smiles and offers her a beautiful bouquet of flowers. He says sweetly, "Happy April Fool's Day, honey. I love you!" The woman felt relieved and overwhelmed with joy. What a big gorilla surprise!

romantic〔ro'mæntɪk〕*adj.* 浪漫的　　stir-fry〔'stɜ,fraɪ〕*v.* 炒（菜）
meat〔mit〕*n.* 肉　　obedient〔ə'bidɪənt〕*adj.* 順從的；聽話的
patiently〔'peʃəntlɪ〕*adv.* 有耐心地　　smell〔smɛl〕*n.* 氣味；香味
suddenly〔'sʌdn̩lɪ〕*adv.* 突然地　　terrifying〔'tɛrə,faɪɪŋ〕*adj.* 可怕的
growling〔'graʊlɪŋ〕*adj.* 咆哮的　　noise〔nɔɪz〕*n.* 聲音
startled〔'stɑrtl̩d〕*adj.* 吃驚的；驚嚇的　　jump〔dʒʌmp〕*v.* 跳
fright〔fraɪt〕*n.* 驚嚇；恐怖　　drop〔drɑp〕*v.* 使掉落
plate〔plet〕*n.* 盤子；一盤的份量　　***scream out*** 尖聲喊叫說
hairy〔'hɛrɪ〕*adj.* 毛茸茸的　　gorilla〔gə'rɪlə〕*n.* 大猩猩
come at 攻擊；衝向　　strangely〔'strendʒlɪ〕*adv.* 奇怪的是
unafraid〔,ʌnə'fred〕*adj.* 不怕的
meanwhile〔'min,hwaɪl〕*adv.* 同時；於此時
ferocious〔fə'roʃəs〕*adj.* 兇猛的　　***take off*** 拿下
mask〔mæsk〕*n.* 面具　　underneath〔,ʌndə'niθ〕*prep.* 在…之下
costume〔'kɑstjum〕*n.* 服裝　　offer〔'ɔfə〕*v.* 給予；提供
bouquet〔bu'ke〕*n.* 花束　　sweetly〔'switlɪ〕*adv.* 甜蜜地；親切地
April Fool's Day 愚人節

95 年度學科能力測驗英文試題修正意見

題　　號	題　　　　目	修　正　意　見
第 18 題	..., I am sorry *that*	..., I am sorry, *but* * 在此 I am sorry, but.... 源自 I wish I could, but.... 。
第 41 題	(A) To *find who are* the most stressed out teenagers.	(A) To *find out who* the most stressed out teenagers *are*. * 根據句意，應用 find out「找出」；名詞子句要用敘述句形式。
第 45－48 題 第一行	... Shen Nung *in 2737 B.C.* *introduced the drink.*	... Shen Nung *introduced the drink in 2737 B.C.*
第 49－52 題 第二段 第二行	*Meanwhile*, the space suit....	*In addition*, the space suit.... * 根據句意，是「此外（還有）」的意思。
第 49－52 題 第二段倒數 第二行	... provides necessary oxygen supply....	...provides *the* necessary oxygen supply.... * 指定的，應加定冠詞。
第 54 題	(A) ... of *the* brains.... (B) ... of *the* brains.... (C) ... of *the* brains.... (D) ... of the *brains* for learning *second languages*.	(A) ... of *their* brains.... (B) ... of *their* brains.... (C) ... of *their* brains.... * 根據句意，應用 their。 (D) ... of the *brain* for learning *a second language*.

九十五年大學入學學科能力測驗試題
數學考科

第一部分：選擇題（佔 55 分）

壹、單選題（佔 25 分）

說明：第 1 至 5 題，每題選出最適當的一個選項，標示在答案卡之「解
　　　答欄」，每題答對得 5 分，答錯不倒扣。

1. 設一元二次整係數方程式 $ax^2 + bx + c = 0$ 有一根為 $4 + 3i$。若將
　此方程式的兩根與原點在複數平面上標出，則此三點所圍成的
　三角形面積為
　⑴ 5　　　　⑵ 6　　　　⑶ 12　　　⑷ 16　　　⑸ 24

2. 在右圖的棋盤方格中，隨機任意取兩個
　格子。選出的兩個格子不在同行（有無
　同列無所謂）的機率為

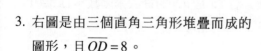

　⑴ $\dfrac{1}{20}$　　　⑵ $\dfrac{1}{4}$　　　⑶ $\dfrac{3}{4}$

　⑷ $\dfrac{3}{5}$　　　⑸ $\dfrac{4}{5}$

3. 右圖是由三個直角三角形堆疊而成的
　圖形，且 $\overline{OD} = 8$。
　問：直角三角形 OAB 的高 $\overline{AB}$ 為何？

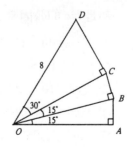

　⑴ 1　　　　⑵ $\sqrt{6} - \sqrt{2}$
　⑶ $\sqrt{7} - 1$　　⑷ $\sqrt{3}$
　⑸ 2

4. 下列哪一個數值最接近 $\sqrt{2}$?

(1) $\sqrt{3}\cos 44^\circ + \sin 44^\circ$

(2) $\sqrt{3}\cos 54^\circ + \sin 54^\circ$

(3) $\sqrt{3}\cos 64^\circ + \sin 64^\circ$

(4) $\sqrt{3}\cos 74^\circ + \sin 74^\circ$

(5) $\sqrt{3}\cos 84^\circ + \sin 84^\circ$

5. 在養分充足的情況下，細菌的數量會以指數函數的方式成長，假設細菌 A 的數量每兩個小時可以成長為兩倍，細菌 B 的數量每三個小時可以成長為三倍。若養分充足且一開始兩種細菌的數量相等，則大約幾小時後細菌 B 的數量除以細菌 A 的數量最接近 10 ?

(1) 24 小時。　　　(2) 48 小時。　　　(3) 69 小時。

(4) 96 小時。　　　(5) 117 小時。

貳、多選題（佔 30 分）

說明：第 6 至 11 題，每題的五個選項各自獨立，其中至少有一個選項是正確的，選出正確選項標示在答案卡之「解答欄」。每題皆不倒扣，五個選項全部答對者得 5 分，只錯一個選項可得 2.5 分，錯兩個或兩個以上選項不給分。

6. 假設 a,b,c 是三個正整數。若 25 是 a,b 的最大公因數，且 3,4,14 都是 b,c 的公因數，則下列何者正確？

(1) c 一定可以被 56 整除。

(2) $b \geq 2100$。

(3) 若 $a \leq 100$，則 $a = 25$。

(4) a,b,c 三個數的最大公因數是 25 的因數。

(5) a,b,c 三個數的最小公倍數大於或等於 $25 \times 3 \times 4 \times 14$。

7. 考慮坐標平面上所有滿足 $\sqrt{(x-2)^2 + y^2} + \sqrt{(x-2)^2 + (y+4)^2} = 10$

   的點 (x,y) 所成的圖形，下列敘述何者正確？

   (1) 此圖形為一橢圓。

   (2) 此圖形為一雙曲線。

   (3) 此圖形的中心在 $(2, -2)$。

   (4) 此圖形對稱於 $x - 2 = 0$。

   (5) 此圖形有一頂點 $(2,3)$。

8. 假設實數 a_1, a_2, a_3, a_4 是一個等差數列，且滿足 $0 < a_1 < 2$ 及

   $a_3 = 4$。若定義 $b_n = 2^{a_n}$，則以下哪些選項是對的？

   (1) b_1, b_2, b_3, b_4 是一個等比數列。

   (2) $b_1 < b_2$。

   (3) $b_2 > 4$。

   (4) $b_4 > 32$。

   (5) $b_2 \times b_4 = 256$。

9. 學生練習計算三次多項式 $f(x)$ 除以一次多項式 $g(x)$ 的餘式。已

   知 $f(x)$ 的三次項係數為 3，一次項係數為 2。甲生在計算時把

   $f(x)$ 的三次項係數錯看成 2（其它係數沒看錯），乙生在計算時

   把 $f(x)$ 的一次項係數錯看成 -2（其它係數沒看錯）。而甲生和

   乙生算出來的餘式剛好一樣。試問 $g(x)$ 可能等於以下哪些一次

   式？

   (1) x　　　(2) $x - 1$　　　(3) $x - 2$　　　(4) $x + 1$　　　(5) $x + 2$

10. 下圖是根據 100 名婦女的體重所作出的直方圖（圖中百分比數字代表各體重區間的相對次數，其中各區間不包含左端點而包含右端點）。該 100 名婦女體重的平均數為 55 公斤，標準差為 12.5 公斤。曲線 N 代表一常態分佈，其平均數與標準差與樣本值相同。在此樣本中，若定義「體重過重」的標準為體重超過樣本平均數 2 個標準差以上（即體重超過 80 公斤以上），則下列敘述哪些正確？

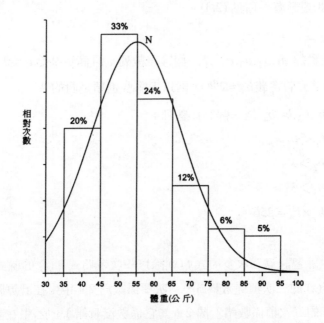

(1) 曲線 N（常態分佈）中，在 55 公斤以上所佔的比例約為 50%。

(2) 曲線 N（常態分佈）中，在 80 公斤以上所佔的比例約為 2.5%。

(3) 該樣本中，體重的中位數大於 55 公斤。

(4) 該樣本中，體重的第一四分位數大於 45 公斤。

(5) 該樣本中，「體重過重」（體重超過 80 公斤以上）的比例大於或等於 5%。

11. 將正整數18分解成兩個正整數的乘積有

$$1 \times 18, 2 \times 9, 3 \times 6$$

三種，又 3×6 是這三種分解中，兩數的差最小的，我們稱 3×6 為 18 的最佳分解。當 $p \times q (p \le q)$ 是正整數 n 的最佳分解時，我們規定函數 $F(n) = \dfrac{p}{q}$，例如 $F(18) = \dfrac{3}{6} = \dfrac{1}{2}$。

下列有關函數 $F(n)$ 的敘述，何者正確？

(1) $F(4) = 1$。　　　　　　(2) $F(24) = \dfrac{3}{8}$。

(3) $F(27) = \dfrac{1}{3}$。　　　　(4) 若 n 是一個質數，則 $F(n) = \dfrac{1}{n}$。

(5) 若 n 是一個完全平方數，則 $F(n) = 1$。

第二部分：選填題（佔45分）

說明：1. 第 A 至 I 題，將答案劃記在答案卡之「解答欄」所標示的列號（12–32）。

2. 每題完全答對給 5 分，答錯不倒扣，未完全答對不給分。

A. 抽樣調查某地區 1000 個有兩個小孩的家庭，得到如下數據，其中（男，女）代表第一個小孩是男孩而第二個小孩是女生的家庭，餘類推。

家庭別	家庭數
（男，男）	261
（男，女）	249
（女，男）	255
（女，女）	235

由此數據可估計該地區有兩個小孩家庭的男、女孩性別比約為

_⑫ ⑬ ⑭_ ：100（四捨五入至整數位）。

B. 下圖為一正立方體，若 M 在線段 $\overline{AB}$ 上，$\overline{BM} = 2\overline{AM}$，$N$ 為線段 $\overline{BC}$ 之中點，則

$\cos \angle MON = \dfrac{⑰}{⑮⑯}\sqrt{10}$ 。

（分數要化成最簡分數）

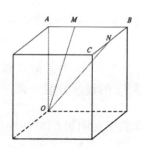

C. 給定平面上三點$(-6, -2),(2, -1),(1, 2)$。若有第四點和此三點形成一菱形（四邊長皆相等），則第四點的坐標為（ ⑱,⑲ ）。

D. 如圖所示，$ABCD$ 為圓內接四邊形：若 $\angle DBC = 30^{\circ}$，$\angle ABD = 45^{\circ}$，$\overline{CD} = 6$，則線段 $\overline{AD} = \sqrt{⑳㉑}$ 。

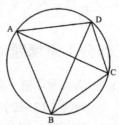

E. 新新鞋店為與同業進行促銷戰，推出「第二雙不用錢---買一送一」的活動。

該鞋店共有八款鞋可供選擇，其價格如下：

款式	甲	乙	丙	丁	戊	己	庚	辛
價格	670	670	700	700	700	800	800	800

規定所送的鞋之價格一定少於所買的價格（例如：買一個「丁」款鞋，可送甲、乙兩款鞋之一）。若有一位新新鞋店的顧客買一送一，則該顧客所帶走的兩雙鞋，其搭配方法一共有 ㉒㉓ 種。

F. 某地共有 9 個電視頻道，將其分配給 3 個新聞台、4 個綜藝台及 2 個體育台共三種類型。若同類型電視台的頻道要相鄰，而且前兩個頻道保留給體育台，則頻道的分配方式共有 ㉔ ㉕ ㉖ 種。

G. 用黑、白兩種顏色的正方形地磚依照如下的規律拼成若干圖形：

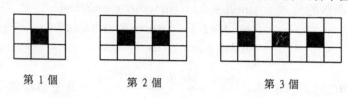

第 1 個　　　　第 2 個　　　　第 3 個

拼第 95 個圖需用到 ㉗ ㉘ ㉙ 塊白色地磚。

H. 在三角形 ABC 中，若 D 點在 $\overline{BC}$ 邊上，且 $\overline{AB}=7$，$\overline{AC}=13$，$\overline{BD}=7$，$\overline{CD}=8$，則 $\overline{AD}=$ ㉚ 。

I. 設 $A(0,0)$, $B(10,0)$, $C(10,6)$, $D(0,6)$ 為坐標平面上的四個點。如果直線 $y=m(x-7)+4$ 將四邊形 $ABCD$ 分成面積相等的兩塊，那麼 $m=\dfrac{㉜}{㉛}$ （化成最簡分數）

參考公式及可能用到的數值

1. 一元二次方程式 $ax^2+bx+c=0$ 的公式解：$x=\dfrac{-b\pm\sqrt{b^2-4ac}}{2a}$

2. 平面上兩點 $P_1(x_1,y_1)$，$P_2(x_2,y_2)$ 間的距離為

$$\overline{P_1P_2}=\sqrt{(x_2-x_1)^2+(y_2-y_1)^2}$$

3. 通過（x_1, y_1）與（x_2, y_2）的直線斜率 $m = \dfrac{y_2 - y_1}{x_2 - x_1}$，$x_2 \neq x_1$.

4. 等比數列 $\left\langle ar^{k-1} \right\rangle$ 的前 n 項之和 $S_n = \dfrac{a \cdot \left(1 - r^n\right)}{1 - r}$，$r \neq 1$.

5. 三角函數的公式：$\sin(A + B) = \sin A \cos B + \sin B \cos A$
$$\cos(A + B) = \cos A \cos B - \sin A \sin B$$
$$\sin 2\theta = 2 \sin \theta \cos \theta$$

6. $\triangle ABC$ 的正弦定理：$\dfrac{\sin A}{a} = \dfrac{\sin B}{b} = \dfrac{\sin C}{c} = \dfrac{1}{2R}$，R 是外接圓半徑。

 $\triangle ABC$ 的餘弦定理：$c^2 = a^2 + b^2 - 2ab \cos C$

7. 棣美弗定理：設 $z = r(\cos\theta + i\sin\theta)$，則 $z^n = r^n(\cos n\theta + i\sin n\theta)$，$n$ 為一正整數

8. 算術平均數：$M(=\overline{X}) = \dfrac{1}{n}(x_1 + x_2 + \cdots + x_n) = \dfrac{1}{n}\sum_{i=1}^{n} x_i$

 （樣本）標準差：$S = \sqrt{\dfrac{1}{n-1}\sum_{i=1}^{n}(x_i - \overline{X})^2} = \sqrt{\dfrac{1}{n-1}\left(\left(\sum_{i=1}^{n} x_i^2\right) - n\overline{X}^2\right)}$

9. 參考數值：$\log 2 \approx 0.3010$；$\log 3 \approx 0.4771$；
$$\sin 15^o = \dfrac{\sqrt{6} - \sqrt{2}}{4};\quad \cos 15^o = \dfrac{\sqrt{6} + \sqrt{2}}{4}$$

10. 常態分佈：常態分佈的資料對稱於平均數 μ，且當標準差為 S 時，該資料大約有 68% 落在區間（$\mu - S$，$\mu + S$）內，約有 95% 落在區間（$\mu - 2S$，$\mu + 2S$）內，約有 99.7% 落在區間（$\mu - 3S$，$\mu + 3S$）內。

95年度學科能力測驗數學科試題詳解

第一部分：選擇題

壹、單選擇

1. 【答案】(3)

【解析】 $ax^2+bx+c=0$ 為整係數方程式

有一根 $4+3i$，必有另一根 $4-3i$

$\triangle$面積 $=\dfrac{1}{2}\times 8\times 3=12$

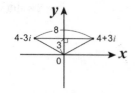

2. 【答案】(5)

【解析】 $P=\dfrac{C_2^4\times C_1^4\times C_1^4}{C_2^{16}}=\dfrac{4}{5}$

C_2^4：先選 2 行

C_1^4：每行中確定那 1 列。

3. 【答案】(4)

【解析】 $\overline{CO}=8\cdot\cos 30^\circ=4\sqrt{3}$

$\overline{BO}=4\sqrt{3}\cdot\cos 15^\circ$

$\overline{AB}=\overline{BO}\times\sin 15^\circ=4\sqrt{3}\times\cos 15^\circ\times\sin 15^\circ$

$\qquad\qquad =4\sqrt{3}\times\dfrac{\sqrt{6}-\sqrt{2}}{4}\times\dfrac{\sqrt{6}+\sqrt{2}}{4}$

$\qquad\qquad =\sqrt{3}$

4. 【答案】(4)

【解析】 $\sqrt{3}\cos\theta + \sin\theta$

$$= 2\left(\frac{\sqrt{3}}{2}\cos\theta + \frac{1}{2}\sin\theta\right)$$

$$= 2(\sin 60^{\circ} \cdot \cos\theta + \cos 60^{\circ} \sin\theta)$$

$$= 2\times\sin(60^{\circ}+\theta) \qquad \theta = 74^{\circ}$$

$$\Rightarrow 2\times\sin(60^{\circ}+74^{\circ}) = 2\times\sin 134^{\circ} = 2\times\sin 46^{\circ}$$

$$\fallingdotseq 2\times\sin 45^{\circ} = 2\times\frac{\sqrt{2}}{2} = \sqrt{2}$$

5. 【答案】(5)

【解析】 設原有 P，經過 x 小時

$$\frac{P\times 3^{\frac{x}{3}}}{P\times 2^{\frac{x}{2}}} = 10$$

左右同取 $\log$

$$\log\frac{3^{\frac{x}{3}}}{2^{\frac{x}{2}}} = \log 10$$

$$\Rightarrow \frac{x}{3}\log 3 - \frac{x}{2}\log 2 = 1$$

$$\Rightarrow 2x\log 3 - 3x\log 2 = 6$$

$$\Rightarrow x(2\log 3 - 3\log 2) = 6$$

$$\Rightarrow x(2\times 0.4771 - 3\times 0.3010) = 6$$

$$\Rightarrow x\times 0.0512 = 6$$

$$\Rightarrow x \fallingdotseq 117$$

貳、多重選擇題

6. 【答案】(2)(3)(4)

　　【解析】$\begin{cases} a = 25h \\ b = 25k \end{cases}$　$(h,k) = 1$

　　　　　　$\begin{cases} b = 25 \times 3 \times 4 \times 7m = 2100m \\ c = 3 \times 4 \times 7n = 84n \end{cases}$

　　　　(1) 不一定

　　　　(2) $b = 2100m \geq 2100$

　　　　(3) 若 $a \leq 100$，$\Rightarrow h = 1$　（2,3,4 不合）

　　　　　　$a = 25$

　　　　(4) $(a,b) = 25$　$\Rightarrow (a,b,c) \big| 25$

　　　　(5) $[a,b,c] \geq 25 \times 3 \times 4 \times 7$

7. 【答案】(1)(3)(4)(5)

　　【解析】2 焦點 $(2,0)$，$(2,-4)$

　　　　　　中心 $(2,-2)$

　　　　　　$2a = 10$　$\Rightarrow a = 5$

　　　　　　$c = 2$，　$\Rightarrow b^2 + 2^2 = 5^2$　$\Rightarrow b = \sqrt{21}$

　　　　　　$\dfrac{(x-2)^2}{21} + \dfrac{(y+2)^2}{25} = 1$

　　　　(1) 橢圓

　　　　(2) x

　　　　(3) 中心 $(2,-2)$

　　　　(4) 對稱軸 $x = 2$ 或 $y = -2$

　　　　(5) 長軸頂點 $(2,-2+5) = (2,3)$ 或 $(2,-2-5) = (2,-7)$

8. 【答案】(1) (2) (3) (4) (5)

   【解析】(1) $\dfrac{b_n}{b_{n-1}} = \dfrac{2^{a_n}}{2^{a_{n-1}}} = 2^{a_n - a_{n-1}} = 2^d$ （公比）

   (2) $a_1 < a_2 < a_3 < a_4$

   $\Rightarrow 2^{a_1} < 2^{a_2} < 2^{a_3} < 2^{a_4}$

   $\Rightarrow b_1 < b_2 < b_3 < b_4$

   (3) $a_2 > 2 \qquad b_2 = 2^{a_2} > 2^2 = 4$

   (4) 公差 $d = \dfrac{a_3 - a_1}{2} \qquad \Rightarrow 2 < a_3 - a_1 < 4$

   $\Rightarrow 1 < \dfrac{a_3 - a_1}{2} < 2$

   $\Rightarrow 1 < d < 2$

   $\Rightarrow a_4 > 4 + 1 = 5 \quad \Rightarrow b_4 = 2^{a_4} > 2^5 = 32$

   (5) $b_2 \times b_4 = 2^{a_2} \times 2^{a_4} = 2^{a_2 + a_4} = 2^{2a_3} = 2^{2 \times 4} = 256$

9. 【答案】(1) (3) (5)

   【解析】設 $f(x) = 3x^3 + ax^2 + 2x + b$

   甲 $f_1(x) = 2x^3 + ax^2 + 2x + b$

   乙 $f_2(x) = 3x^3 + ax^2 - 2x + b$

   $\begin{cases} f_1(x) = g(x)\ Q_1(x) + r_1 \\ f_2(x) = g(x)\ Q_2(x) + r_2 \end{cases}$

   $\Rightarrow f_1(x) - f_2(x) = g(x)[Q_1(x) - Q_2(x)]$

   $g(x)$ 為 $f_1(x) - f_2(x)$ 的因式

   $f_1(x) - f_2(x) = -x^3 + 4x = -x(x+2)(x-2)$

   $g(x) = x$ 或 $(x+2)$ 或 $(x-2)$

10. 【答案】(1)(2)(4)(5)

　　【解析】(1) 55 公斤為平均值，故 55 公斤以上佔 50%

　　　　　　(2) 因為 $(\mu - 2S, \mu + 2S) = (30, 80)$ 佔 95%

　　　　　　　　80% 以上佔 $\dfrac{1}{2} \times 5\% = 2.5\%$

　　　　　　(3) 20% + 33% = 53%＞50%

　　　　　　　　⇒ 中位數＜55 公斤

　　　　　　(4) 20% 為 45 公斤 ⇒ 25%＞20%

　　　　　　　　　　　　　　　　⇒ 第一四分位數＞45 公斤

　　　　　　(5) 85 公斤以上佔 5% ⇒ 80 公斤以上＞5%

11. 【答案】(1)(3)(4)(5)

　　【解析】(1) $4 = 2 \times 2$　　　⇒ $F(4) = \dfrac{2}{2} = 1$

　　　　　　(2) $24 = 4 \times 6$　　　⇒ $F(24) = \dfrac{4}{6} = \dfrac{2}{3}$

　　　　　　(3) $27 = 3 \times 9$　　　⇒ $F(27) = \dfrac{3}{9} = \dfrac{1}{3}$

　　　　　　(4) $n = 1 \times n$　　　⇒ $F(n) = \dfrac{1}{n}$

　　　　　　(5) $n = a^2 = a \times a$ ⇒ $F(n) = \dfrac{a}{a} = 1$

第二部份：選填題

A. 【答案】⑫ 1　⑬ 0　⑭ 5

　　【解析】男生：$261 \times 2 + 249 + 255 = 1026$

　　　　　　女生：$2000 - 1026 = 974$

　　　　　　$1026 : 974 \doteqdot 1.05 = 105 : 100$

B.【答案】 ⑮ 1　⑯ 5　⑰ 4

【解析】 設 $0(0,0,0)$，$B(0,3,3)$，$M(0,1,3)$

$C(3,3,3)$，$N(\frac{3}{2},3,3)$

$\overrightarrow{OM} = (0,1,3)$

$\overrightarrow{ON} = (\frac{3}{2},3,3)$

$$cos\angle MON = \frac{\overrightarrow{OM} \cdot \overrightarrow{ON}}{|\overrightarrow{OM}|\,|\overrightarrow{ON}|} = \frac{3+9}{\sqrt{1^2+3^2} \cdot \sqrt{(\frac{3}{2})^2+3^2+3^2}}$$

$$= \frac{12}{\sqrt{10} \times \frac{9}{2}} = \frac{4}{15}\sqrt{10}$$

C.【答案】 ⑱ 9　⑲ 3

【解析】 設第四點 (x,y)

$$\Rightarrow \begin{cases} \dfrac{-6+x}{2} = \dfrac{1+2}{2} \\ \dfrac{-2+y}{2} = \dfrac{2+(-1)}{2} \end{cases} \Rightarrow \begin{cases} x=9 \\ y=3 \end{cases} \quad (9,3)$$

D.【答案】 ⑳ 7　㉑ 2

【解析】 $\dfrac{6}{\sin 30°} = \dfrac{\overline{AD}}{\sin 45°} \Rightarrow \overline{AD} = \dfrac{6\sin 45°}{\sin 30°}$

$$= \frac{6 \times \frac{\sqrt{2}}{2}}{\frac{1}{2}} = 6\sqrt{2} = \sqrt{72}$$

E. 【答案】 ㉒ 2　㉓ 1

　　【解析】 選丙，丁，戊　可再選甲，乙　$\Rightarrow C_1^3 \times C_1^2 = 6$

　　　　　　選己，庚，辛　可再選甲，乙，丙，丁，戊　$\Rightarrow C_1^3 \times C_1^5 = 15$

　　　　　　6 + 15 = 21

F. 【答案】 ㉔ 5　㉕ 7　㉖ 6

　　【解析】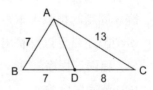

　　　　　　$2! \times 3! \times 4! \times 2! = 576$（新聞與綜藝互換）

G. 【答案】 ㉗ 4　㉘ 7　㉙ 8

　　【解析】 $\underbrace{8 + 5 + 5 + \cdots\cdots + 5}_{94\,個} = 8 + 5 \times 94 = 478$

H. 【答案】 ㉚ 7

　　【解析】 $\cos B = \dfrac{7^2 + 15^2 - 13^2}{2 \times 7 \times 15} = \dfrac{1}{2}$

　　　　　　$\angle B = 60° \quad \Rightarrow \overline{AD} = 7$

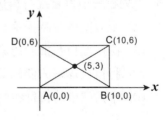

I. 【答案】 ㉛ 2　㉜ 1

　　【解析】 $y = m(x - 7) + 4$　恆過 (7,4)

　　　　　　m 為 (7,4) 與中心 (5,3)

　　　　　　所成斜率

　　　　　　$m = \dfrac{4 - 3}{7 - 5} = \dfrac{1}{2}$

九十五年大學入學學科能力測驗試題
社會考科

第壹部分（佔 84 分）

說明：第 1 至 42 題皆計分。第 1 至 42 題皆是單選題，請選出一個最適當的選項標示在答案卡之「選擇題答案區」。每題答對得 2 分，答錯不倒扣。

1. 依據中華民國憲法及增修條文的相關規定，下列關於總統職權的敘述，何者正確？
   (A) 是最高的行政首長
   (B) 具有法案的否決權
   (C) 發布法律或命令皆須行政院長之副署
   (D) 發布緊急命令須經行政院會議之決議

2. 學者研究指出，許多新興的發展中國家，在建國過程中同時面臨許多問題的挑戰，本質上是壓縮的社會（compressed society）。這項論述最足以反映出中山先生何種主張的背景因素？
   (A) 建國三程序 　　　　　　(B) 萬能政府論
   (C) 革命民權論 　　　　　　(D) 一次革命論

3. 下列哪一項事實或行為最符合中山先生主張的「合理的自由」？
   (A) 至公園散步時拒絕警察的隨機搜身臨檢
   (B) 由疫區自行攜回傳染病檢體以進行研究
   (C) 將自己珍藏的偶像電影上網供網友下載
   (D) 十六歲少男自行與相戀的同齡女友結婚

4. 一位學者強調，在正義的社會中，社會制度的安排必須對處於社會最不利地位的人是最有利的。這個論點與中山先生哪一項主張的精神最相似？
   (A) 濟弱扶傾
   (B) 民族平等
   (C) 計畫經濟
   (D) 分權制衡

5. 中華民國憲法第八十一條關於法官「非受刑事或懲戒處分，或禁治產之宣告，不得免職。非依法律，不得停職、轉任或減俸」的規定，主要在維護下列何項憲政精神？
   (A) 文官中立
   (B) 罪刑法定
   (C) 依法施政
   (D) 司法獨立

6. 某國舉行國會大選，結果沒有任何一個政黨的得票率超過半數，而由得票合計過半的二個政黨組成聯合政府。這個國家最可能是下列何者？
   (A) 美國
   (B) 俄羅斯
   (C) 德國
   (D) 瑞士

7. 全球化的浪潮席捲全世界，某些強勢文化挾帶經濟和科技的優勢，向全球進行「文化傾銷」，有些國家因而遭遇了本土文化式微甚至消失的危機。本土文化遭逢全球化的挑戰，這與清末民初中山先生認為中國所遭遇的何種境遇最相似？
   (A) 列強武力侵略壓迫，國家主權淪喪
   (B) 列強經濟力的壓迫，外資大舉入侵
   (C) 國人放棄民族主義，講求世界主義
   (D) 中國科學技術落後，產業發展停頓

8. 有關中山先生主張的「均權制度」與孟德斯鳩的「分權制度」比
   較，下列敘述何者正確？
   (A) 兩制皆為同級政府的橫向分權制度
   (B) 兩制皆為中央與地方間的權力劃分
   (C) 前者為同級政府的橫向分權，後者為中央與地方間的縱向
       分權
   (D) 前者為中央與地方間的縱向分權， 後者為同級政府的橫向
       分權

9. 中山先生在自傳中曾說：「於西學則雅癖達爾文之道」，達爾文
   思想中為中山先生所贊同而引用的是：
   (A) 進化的觀點　　　　　(B) 互助的原則
   (C) 競爭的手段　　　　　(D) 漸進的方法

10. 中山先生於民國 13 年手訂國民政府的建國大綱，其主要用意為
    何？
    (A) 訓練人民行使直接民權的能力
    (B) 糾正民眾遇事畏難退縮的心理
    (C) 提供依序建設現代化國家藍圖
    (D) 指出中國經濟建設的發展方向

11. 2005 年 5 月政府召開任務型國民大會，針對立法院的修憲案進
    行複決，此次修憲的重點為何？
    甲、廢除國民大會改由立法院複決修憲案
    乙、立法委員選舉制改為單一選區兩票制
    丙、監察委員由總統任命不須立法院同意
    丁、廢除考試院軍公教人員優惠存款利率
    戊、總統彈劾案改由司法院大法官來審理
    (A) 甲、乙　　　(B) 乙、戊　　　(C) 丙、丁　　　(D) 丁、戊

12. 中山先生的民生主義，對於生產及分配的先後順序有何主張？
    (A) 重養民，不強調生產分配的次序
    (B) 以歐美爲鑑，應該先求合理分配
    (C) 應該按實際情況決定先後的順序
    (D) 中國患貧，宜先發達生產以求富

13. 近代有人指出：「槍桿子出政權」，古代也有人說：「天子者，兵強馬壯者居之。」中國歷史上，這種情況有時會成爲政權交替的常態。下列哪一個時代最可能出現這種情況？
    (A) 漢朝前期　　(B) 唐代中期　　(C) 五代時期　　(D) 明代中葉

14. 一位古董商人要出售以下文物：篆文書寫的青銅器、楷書書寫的《道德經》、甲骨文書寫的五言詩、書刻寫的竹簡。他最可能是何時何地的商人？
    (A) 唐末的洛陽　　　　　　(B) 北宋的開封
    (C) 明初的南京　　　　　　(D) 民初的北京

15. 學者批評某個朝代頗多失禮之事，宮廷喋血衝突不絕於書，並認爲這是因爲這個朝代的創建沾染夷狄之風所致。這個朝代是指：
    (A) 秦代　　　(B) 唐代　　　(C) 宋代　　　(D) 清代

16. 一位英國商人第一次到淡水地區經商時，與當地商人發生衝突，但當地官署無法處罰他。七年後，這位商人再度來台，企圖如法炮製，卻立刻被官署糾正、處罰。這位商人大概是在何時來台？
    (A) 1840 年台灣開港通商前後
    (B) 1895 年台灣割讓日本前後
    (C) 1915 年一次大戰爆發前後
    (D) 1945 年日本戰敗投降前後

17. 某人翻閱古書,看到一位任職台灣的官員在 1820 年提出一份有
    關當地的報告。這份報告的主旨最可能包括下列何者?
    (A) 彰化地區發生了兩派人馬的集體衝突
    (B) 魚塭養殖的鰻魚豐收,外銷成果良好
    (C) 當地父老聯名,請求官府改建火車站
    (D) 糖廠安裝新式的蒸汽鍋爐以提高產能

18. 朱一貴之亂後,康熙皇帝在上諭裡指稱:「臺灣止一海島,本地
    所產不敷所用,仰賴閩省錢糧養生。」關於這份上諭,以下哪一
    項說明較為合理?
    (A) 當時台灣生產力落後,人民生活窮困,需要福建接濟
    (B) 當時國家控制下繳納賦稅的戶口不多,財政收入不足
    (C) 這是清廷為了安撫鄭氏餘黨,給予大量物資作為酬庸
    (D) 這是清初加強台灣的建設,不足的經費由福建來支援

19. 以下是清朝以後中國人稱呼西方人的幾個說法:
    甲、「中國稱『鬼子』其實是龜茲的轉音,只有通稱西方之意。」
    乙、「以後各式公文,凡有關大英國臣民者,不得書『夷』字。」
    丙、「茶葉大黃,外國所必需,中國不售,『夷人』何以為生?」
    它們出現的先後次序應是:
    (A) 甲、乙、丙   (B) 乙、丙、甲
    (C) 乙、甲、丙   (D) 丙、乙、甲

20. 這位皇帝自誇他調整國家組織的成效,使得軍、政等機關分別處
    理庶務,互不統屬,彼此對抗,所有大權盡歸皇帝總之,所以穩
    當。這位皇帝應是:
    (A) 秦始皇   (B) 隋文帝   (C) 明太祖   (D) 清雍正

21. 一位政治家為了鞏固政權，下令求才，強調不問道德，只要有才幹，雖不仁不孝，亦可任用。他是下列何人？
　　(A) 漢武帝　　　(B) 曹操　　　(C) 宋太宗　　　(D) 王安石

22. 從某個時期開始，中國社會逐漸出現停棺多年、久喪不葬的習俗，要找到風水寶地之後才入葬。人們認為這麼做可以帶給後世子孫功名或財富等福蔭，出人頭地。這種風俗背後反映了某種社會變動的趨勢。根據這個角度，此一習俗最早可能形成於何時？
　　(A) 秦漢時代，因布衣卿相之局，庶民有機會出頭
　　(B) 魏晉時期，因道教盛行，庶民才流行風水觀念
　　(C) 唐宋之間，反映工商業與科舉制擴大社會流動
　　(D) 明清之間，反映商業繁榮，人民希望追逐財富

23. 學者根據清代兩次戶口統計資料，計算出清代台灣北、中、南、東四個區域人口數如表一，其中哪一個是北部地區？

表一

	嘉慶 16 年 (1811)	光緒 19 年 (1893)
甲	無資料	6,000 人
乙	258,000 人	767,000 人
丙	1,305,000 人	1,101,000 人
丁	342,000 人	622,000 人

　　(A) 甲　　　(B) 乙　　　(C) 丙　　　(D) 丁

24. 中國某個朝代的前期，東北以鴨綠江與朝鮮為界，北方有蒙古韃靼、瓦剌等部族。此時期中，朝廷對境內大部分地區都能有效統治，少數民族也多臣服，但北方的邊患一直困擾著政府。這是哪一個朝代？
　　(A) 宋代　　　(B) 元代　　　(C) 明代　　　(D) 清代

25. 某人舉出兩個政府施政不當的例子，說明他對政治及國家運作的想法：

例一：有位正直的人，向地方官檢舉他的父親偷了一頭羊。地方官卻下令將他殺掉。從此以後，沒有人敢向政府報告事情。

例二：一位軍士每戰必敗，問他原因。軍士說是家裡有老父要奉養。政府不但不治罪，反而予以嘉獎。這個國家的軍隊從此再也無法打勝仗。此人最可能是誰？

(A) 孔子　　　(B) 荀子　　　(C) 老子　　　(D) 韓非子

26. 二十世紀初，學者在敦煌附近的遺址中，發掘出一種用「新文字」書寫的佛經。後來有人找到一本名爲《番漢合珠掌中書》的字典，才逐漸瞭解此種新文字的原則：使用漢字偏旁以代表各種意義。書寫時有篆、草、行、楷等書體，相當複雜。這應該是哪一種文字？

(A) 西夏文　　　(B) 藏文　　　(C) 波斯文　　　(D) 蒙古文

27. 1937 年 12 月，上海發行的報紙報導：「南京上游29公里處，有英、美兩國船隻遭到某國飛機轟炸沈沒。」我們如何瞭解這個事件？

(A) 英、美自己炸沈船隻，嫁禍中國，企圖擴大在中國利益

(B) 德國與美國對歐洲事務有歧見，故對美國軍艦發動攻擊

(C) 日本加速在中國的侵略，開始攻擊英美在華的軍隊設備

(D) 中共在長江中游發展，受到英、美兩國掃蕩，憤而報復

28. 圖一爲臺中地區 1961 年至 1990 年平均的逐月水平衡圖。圖中的可能蒸發散量是指一般旱作或草地，滿足土壤蒸發和植株正常生長所需的蒸發散水量。假設土壤因雨水下滲所儲存的土壤水量最高爲100 mm，則超出的雨水將會成爲逕流流出。在沒有灌溉的情況下，臺中地區的旱作農業，哪幾個月份最容易發生缺水的現象？

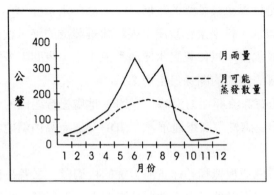

圖一

(A) 二月至五月　　　　　　　　(B) 七月至九月

(C) 十月至十二月　　　　　　　(D) 十一月至翌年一月

29. 清代初期進出鹿耳門的船隻，多安排於清晨時出港、黃昏時入港。這樣的航程安排，和下列哪一項因素的關係最密切？

(A) 季風的交替　　　　　　　　(B) 洋流的交會

(C) 潮汐的漲退　　　　　　　　(D) 海陸風轉換

30. 中國某地區「形勢封閉，終年濕氣重；地形複雜，氣候溫和，農產種類繁多、產量豐富。由於中醫認為麻辣有驅風除濕之效，當地因而發展出善用麻辣、菜色豐富的飲食文化。」該地區最可能是：

(A) 雲貴高原　　(B) 東南丘陵　　(C) 四川盆地　　(D) 黃土高原

31. 來自臺灣的職棒球員王建民，於美國夏令時間 2005 年 9 月 30 日下午七點出賽，臺灣的電視台在 10 月 1 日上午七點進行實況即時轉播。王建民應該是在哪一個城市出賽？

(A) 波士頓 (71°W)　　　　　　(B) 芝加哥 (87°W)

(C) 丹佛 (104°W)　　　　　　　(D) 洛杉磯 (118°W)

32. 某沙漠是世界上最乾燥的地區之一，終年雨量極少，但夜間卻常有濃霧籠罩。科學家在沙漠上張設纖維製成的網，讓夜間霧氣在網上凝成水滴，以便蒐集水。該沙漠少雨，夜間卻多霧的原因，和下列哪一因素的關係最密切？

    (A) 位居有涼流經過的沿海　　　(B) 地處盛行西風的背風側
    (C) 終年受副熱帶高壓籠罩　　　(D) 深居有高山環繞的內陸

33. 臺灣地處歐亞板塊和菲律賓海板塊的接觸帶，二者在花東縱谷縫合，以致地震頻繁、火山地形分布普遍。下列哪一個縣的火山地形面積，佔全縣總面積的比率最高？

    (A) 臺東縣　　　(B) 花蓮縣　　　(C) 臺北縣　　　(D) 澎湖縣

34. 一位學者描述中國某一平原的區域特色是：「四周有山環水繞，中央則地勢低平、土壤肥沃。長期以來，許多游牧民族和漁獵民族向平原聚集；也有眾多華北平原的農耕民族移入，使本區居民的生活，具有多元文化的色彩。」該平原最可能是：

    (A) 成都平原　　　(B) 寧夏平原　　　(C) 渭河平原　　　(D) 松遼平原

35-36為題組

◎ 根據自然環境的差異和人文發展的特色，可以把北京、天津、河北、山東、河南、山西和陝西七省市併為「華北地區」；把黑龍江、吉林和遼寧三省併為「東北地區」；把上海、重慶、江蘇、浙江、安徽、江西和湖北、湖南和四川九省市併為「華中地區」；把福建、廣東、廣西、貴州、雲南和海南六省併為「華南地區」；把內蒙古、寧夏、甘肅、新疆、青海和西藏六省區併為「塞北與西部地區」。表二是這五大地理區2003年的人口數、國際貿易額和部分物產佔全中國的比例。請問：

表二   單位：%

地理區	人口數	國際貿易額	煤炭儲量	鐵礦儲量	錳礦儲量	糧食產量	積體電路板
甲	27.31	15.84	49.11	30.37	1.80	26.70	5.66
乙	6.46	1.25	29.01	9.19	2.44	7.85	7.34
丙	19.70	39.62	9.63	5.89	52.08	14.83	27.66
丁	38.12	38.26	7.48	24.69	38.31	36.07	59.34
戊	8.40	5.03	4.77	29.85	5.36	14.56	0.01
全國	100.00	100.00	100.00	100.00	100.00	100.00	100.00

35. 哪一個地理區糧食生產的商品化程度最高？

   (A) 甲   (B) 丙   (C) 丁   (D) 戊

36. 甲、乙、丙、丁、戊所代表的地理區，下列敘述何者正確？

   (A) 甲：東北；乙：華北；丙：華中；丁：華南；

        戊：塞北與西部

   (B) 甲：華中；乙：東北；丙：華南；丁：華北；

        戊：塞北與西部

   (C) 甲：華北；乙：塞北與西部；丙：華南；丁：華中；戊：東北

   (D) 甲：華南；乙：塞北與西部；丙：華北；丁：華中；戊：東北

37-39為題組

◎ 圖二為某地多年平均的月雨量及月均溫點散布圖。請問：

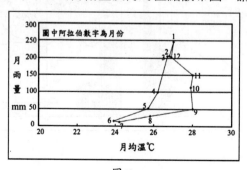

圖二

37. 該地最有可能位於下列哪一個緯度帶？
    (A) 50°N～30°N
    (B) 30°N～10°N
    (C) 10°N～10°S
    (D) 10°S～30°S

38. 該地的天然植被最可能是：
    (A) 雨林
    (B) 針葉林
    (C) 疏林草原
    (D) 常綠闊葉林

39. 在該種類型的氣候區內，下列哪一種經濟作物的栽培最普遍？
    (A) 橄欖
    (B) 咖啡
    (C) 甜菜
    (D) 蘋果

40-42為題組

◎ 圖三甲、乙、丙、丁為四條河流地形圖，請問：

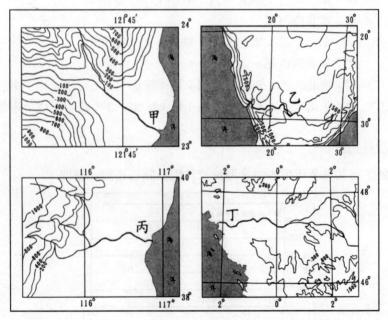

圖三

40. 圖中哪一條河流最可能出現在臺灣？
   (A) 甲　　　　　(B) 乙　　　　　(C) 丙　　　　　(D) 丁

41. 圖中哪一條河流水量的洪枯變化最小？
   (A) 甲　　　　　(B) 乙　　　　　(C) 丙　　　　　(D) 丁

42. 圖中哪兩條河流最可能出現在季風氣候區？
   (A) 甲、乙　　　(B) 甲、丙　　　(C) 乙、丙　　　(D) 乙、丁

第貳部分（佔 48 分）

說明：第 43 至 72 題共 30 題，答對 24 題以上（含 24 題），第貳部
　　　分即得滿分。第 43 至 72 題皆是單選題，請選出一個最適當
　　　的選項標示在答案卡之「選擇題答案區」。每題答對得 2 分，
　　　答錯不倒扣。

43. 一則新聞報導指出：「近幾年臺灣出現的霍亂案例，多與外籍新
   娘返回東南亞探親有關」。下列哪一項解讀最能說明這項報導？
   (A) 異國間的通婚很容易導致疾病的傳染
   (B) 霍亂發生於東南亞等低度發展的社會
   (C) 返鄉探親的女性外籍配偶最易成為疾病傳染源
   (D) 新聞媒體的報導有時會將女性外籍配偶污名化

44. 小文被朋友批評只顧唸書，不願意多花點時間練習籃球，以爭取
   班上榮譽。落單的小文覺得自己人緣差，因而失去原本自信的笑
   容，經與同學溝通後，各自調整而重新和好。小文的例子最能與
   下述哪一位學者的理論相符？
   (A) 亞當斯密認為行為的目的在增進社會利益
   (B) 米德認為自我之形成是透過與他人的互動
   (C) 涂爾幹指出個人的意志乃取決於社會規範
   (D) 佛洛依德認為女性童年經驗使其缺乏自信

45. 2005 年 10 月同性戀團體舉辦年度大遊行，提出公民平等不受歧
    視之訴求，部分亞洲國家同性戀團體也來台共襄盛舉，並交流推
    動同性戀人權經驗。下列關於此次遊行的敘述何者正確？
    甲、以遊行提出訴求是一種公民權利的實踐
    乙、同性戀是值得同情與關懷的偏差性傾向
    丙、遊行訴求反映少數群體的權益常遭剝奪
    丁、跨國參與顯示人權關懷為亞洲文化特色
    戊、同性戀人權已明確列入我憲法保障範圍
    (A) 甲、丙　　　　　　　　(B) 乙、丁
    (C) 丁、戊　　　　　　　　(D) 甲、乙

46. 目前國內有許多重大工程雇用外籍勞工，對於外籍勞工的權利保
    障，下列敘述何者最正確？
    (A) 外籍勞工不具有公民身份，但仍應享有基本人權
    (B) 外籍勞工的權利保障應該依據其母國的法律規定
    (C) 外籍勞工居住滿一定年限後即享有歸化的公民權
    (D) 外籍勞工非本國國民，不適用我國憲法權利保障

47. 基因科技的進步使複製夢想可能成真，但學者指出複製人的出現
    將嚴重衝擊現行倫理關係，日前聯合國也敦促各國立法禁止複製
    科技。對於基因科技爭議的說明，下列何者最為正確？
    (A) 複製科技的出現將造成人口爆炸，增加財政負擔
    (B) 科技雖能解決生活難題，卻無法提供適切的規範
    (C) 基因科技的進步是導致倫理道德規範淪喪的主因
    (D) 器官買賣將隨基因科技而產生，並引發商業競爭

48. 最近法國一名青少年躲避警方時誤觸電網而死，因而引發巴黎市郊貧民區的嚴重暴動。一位學者認為這是長期社會不平等所導致的社會衝突。我們如何理解這位學者的觀點？
    (A) 青少年血氣方剛因而容易產生暴力行為
    (B) 相對剝奪感往往使人們產生反社會行為
    (C) 警察對待青少年的方式易引發人民反抗
    (D) 經濟不景氣導致人民因貧窮而走上街頭

49. 表三是某國十六至六十五歲已婚女性之平均初婚年齡、婚前工作狀況與教育程度。根據表中的資訊可以獲得下列哪一項結論？

表三　　　　　　　　　　　　單位：歲

婚前工作狀況	小學及以下	中學	大學及以上
婚前有工作者	21.66	23.59	26.47
婚前無工作者	20.85	22.11	23.92
平均初婚年齡	21.42	23.25	26.28

    (A) 年齡愈高且婚前無工作者的初婚年齡愈早
    (B) 婚前工作的比例隨著年齡增加而逐漸降低
    (C) 婚前是否有工作對低教育程度者的初婚年齡影響較顯著
    (D) 教育程度愈高且婚前具有工作之女性，愈有晚婚之傾向

50. 解嚴以後，臺灣社會變遷快速，下列有關臺灣經濟和生活型態變遷趨勢的敘述，何者正確？
    (A) 飲食支出占總支出比例上升
    (B) 從事製造業的人口比例上升
    (C) 農產品的進口數量持續成長
    (D) 國民實質消費能力逐年增加

51. 1917 年有一則啓事說：「每個自由之子，快來吧！把話傳過去，
　　我們就要來了。拿起你的槍，亮給德國佬看，揚起旗幟吧，我們
　　從來不畏艱難。我們不會回頭，直到戰爭終了。」這個啓事的背
　　景是：

　　(A) 俄國發生大革命，共黨號召群衆革命
　　(B) 奧地利政局改變，號召人民抵抗德國
　　(C) 英國決心參戰，開始與德奧等國作戰
　　(D) 美國宣布參戰，要招募人民從軍入伍

52. 表四是 1926 年時台灣的一項統計數字，這個表最適當的主題爲
　　何？

表四

	男	女	平均
日本人	98.3%	98.1%	98.2%
台灣人	43.0%	12.3%	28.0%

　　(A) 台灣適齡兒童就學情況統計
　　(B) 台灣地區神道信徒人口統計
　　(C) 台灣地區成年人口就業統計
　　(D) 台灣地區醫療照護保險統計

53. 劉銘傳擔任台灣巡撫時，招募許多歐洲工程師來台灣協助興建鐵
　　路，架設電線。有位工程師覺得台灣風土民情處處新鮮，將許多
　　有趣之事向歐洲的親友報告，許多人也有親臨現場的感覺。他當
　　時使用的方法最可能是：

　　(A) 照相　　　　(B) 錄影　　　　(C) 繪圖　　　　(D) 剪報

54. 有位美國學者預言：「未來50年」中，「生活會相當方便，熱氣
　　和冷氣都從管線中來，以調節室內溫度。汽車價格將低於馬匹，
　　農民會有自動推車、自動犁等機械化設備，草莓也會長得像蘋果
　　一樣大。戰爭時，巨砲的射程可達四十公里，軍隊能從氣球上使
　　用附有照相機的望遠鏡，監視 100 公里內敵人的動靜，並立刻傳
　　到指揮官手上。」這位學者應是在何時做這個預言？
　　(A) 1850 年　　(B) 1900 年　　(C) 1950 年　　(D) 2000 年

55. 某國受到西方列強侵略，簽訂了包括協定關稅，承認西方領事有
　　裁判權等內容的條約，受到相當時期的壓迫。該國於是發憤圖強，
　　經過長期的改革與建設，並與列強積極交涉，到 20 世紀初，終
　　於重新簽訂平等新約，獲得關稅自主權。這是哪一個國家的情況？
　　(A) 日本　　　(B) 中國　　　(C) 菲律賓　　　(D) 印度

56. 一位政治人物指出：「讓殖民地人民自由地生活、並自己管理，
　　才是我們的最終目的。恢復越南的秩序與和平，才是達到這個理
　　想的最重要基礎。」這種想法代表的是：
　　(A) 十九世紀後期，法國殖民主義者的想法
　　(B) 二十世紀初期，美國對民族自決的主張
　　(C) 二十世紀中期，法國對越南獨立的態度
　　(D) 二十世紀末，美國主張越南開放的說法

57. 一名女子說：「我不知道我算是哪一國人，我的祖父因為信奉新
　　教，被教區神父處罰終身苦力；我的父親被老爺打成跛子；我的
　　丈夫從軍去了，我不知道他究竟是幫誰打仗。」有人批評這名女
　　子的丈夫及家人愚蠢，竟然為剝削他們的國王、貴族、教士作戰。
　　根據這段資料的內容，這名女子最可能生活在：
　　(A) 15世紀初義大利的莊園　　(B) 16世紀末日耳曼北部城市
　　(C) 17世紀英國的港口農村　　(D) 18世紀末法國中部的小鎮

58. 某人暑假時前往國外渡假，在遊記中說道：此地甚熱，又擔心水不潔淨，經常喝汽水等碳酸飲料。看不到熟悉的雜誌，空氣中飄來的各種香料及食物的氣味也很陌生。有一天肚子不舒服，找到一個掛有圖四這個標記的組織，協助他解決就醫問題。他最可能是在哪裡旅遊？

圖四

(A) 泰國　　　　　　　　　(B) 古巴

(C) 巴基斯坦　　　　　　　(D) 巴西

59. 一位學者回憶幼年的時光：「有人從上海帶來幾盒洋火柴，當時叫做自來火。雖然有了時鐘，但是在鄉下並無大用，早兩三個小時，晚兩三個小時，又有什麼關係？火柴其實也是奢侈品，至於煤油，那可又另當別論：煤油燈可以把黑夜照的如同白晝。國際上也發生了不少事。」從文中所述時代推斷，當時國際上可能發生哪件大事？

(A) 法國大革命　　　　　　(B) 瓦特改良蒸氣機成功

(C) 日本佔領台灣　　　　　(D) 印度脫離英國獨立

60. 下列哪一國家如加入歐盟，會使歐盟與中東伊斯蘭教地區接壤，易產生地緣政治上的摩擦？

(A) 土耳其　　　　　　　　(B) 摩納哥

(C) 塞爾維亞　　　　　　　(D) 阿爾巴尼亞

61. 在第四紀時，範圍廣大的大陸冰河曾覆蓋北美洲北部。美國哪一項地理特性和曾遭冰河覆蓋有關？

(A) 西北部水力資源豐沛，水電充足

(B) 中部大平原北部，湖泊星羅棋布

(C) 東部阿帕拉契山脈為古老的結晶岩地塊

(D) 冬季極地大陸氣團直驅南下，天氣乾冷

62. 北美大陸的小麥帶，由美國堪薩斯州向北延伸到美加邊境，是世界最大、最重要的小麥生產帶。不過堪薩斯州的小麥栽培卻與美加邊境不同，最主要的差異是：
(A) 農場規模　　(B) 運輸方式　　(C) 生產季節　　(D) 機械化程度

63. 圖五是四個島嶼的輪廓圖。哪一個島嶼的綿羊放牧和乳牛飼養均極興盛，使畜牧業成為該島嶼的經濟主體？

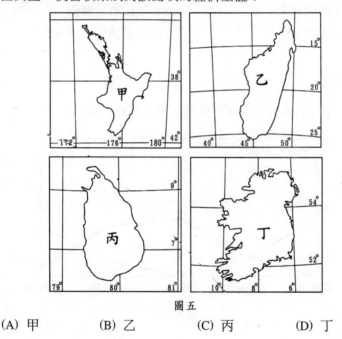

圖五

(A) 甲　　　　(B) 乙　　　　(C) 丙　　　　(D) 丁

64. 中華民國經濟部發布的各國投資環境簡介中，對某一國家的介紹是：「該國的地形包括平原、山地和高原三部份，氣候介於溫帶和熱帶之間。72% 左右的人口居住在鄉村地區，宗教信仰和語言非常複雜。近年來，該國政府積極培養人才，並制訂各種法規和政策，致力發展通訊和軟體產業。」引文介紹的最可能是下列哪一個國家？
(A) 巴西　　　　(B) 印度　　　　(C) 墨西哥　　　(D) 馬來西亞

65. 歷史上有很多地區由於強勢的宗教傳入，原來的宗教信仰受到壓抑，最後根本改變了這個地區的宗教文化景觀。但這些地區中，也有少數地方因地形封閉、環境隔絕，使外來文化對宗教信仰的影響較弱，原來的宗教乃得以保存下來，形成退守於強勢宗教海洋中的「文化島」。下列哪一地區的宗教文化景觀，仍殘存有「文化島」的現象？
   (A) 中國的新疆　　　　　　 (B) 西歐的愛爾蘭
   (C) 東非的衣索匹亞　　　　 (D) 中美洲的墨西哥

66-67為題組

◎ 圖六是甲、乙兩國有關某社會議題的民意分布圖。

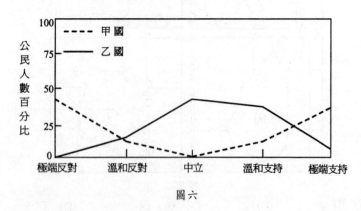

圖六

66. 如果這個議題是有關「取消遺產稅」的問題，從圖中的訊息判斷兩國的社會情況，下列推論何者最恰當？
   (A) 甲國的貧富懸殊較乙國嚴重
   (B) 乙國的貧富懸殊較甲國嚴重
   (C) 甲國的政府財政較乙國寬裕
   (D) 乙國的政府財政較甲國寬裕

67. 如果這個議題是有關「同性戀婚姻合法化」的議題,從圖中的訊息判斷兩國的社會情況,下列推論何者最恰當?
    (A) 甲國的價值多元程度較乙國為高
    (B) 乙國的價值多元程度較甲國為高
    (C) 甲國的家庭結構功能較乙國健全
    (D) 乙國的家庭結構功能較甲國健全

68-69為題組

◎ 表五為西元 2000 年世界各大洲某種礦物的探明可開採儲量,
　請問:

表五

洲　別	儲量 (百萬公噸)	%
亞　洲	180,750	34.8
北美洲	120,222	23.2
歐　洲	112,596	21.7
非　洲	55,171	10.6
大洋洲	42,585	8.2
南美洲	7,728	1.5
世　界	519,052	100.0

68. 非洲陸地面積約佔全球陸地面積的 20.4%,但該種礦物的儲量卻僅佔 10.6%。非洲該種礦物相對較少的原因,和該洲哪一項自然環境特徵的關係最密切?
    (A) 氣候帶大致呈南北對稱分布
    (B) 地形以高原為主且地勢高聳
    (C) 地質構造以古老結晶岩層為主
    (D) 地表物理風化和化學風化旺盛

69. 如果人類持續大量消耗該種礦物,將直接導致哪一項全球性的環境問題更加嚴重?
    (A) 災害性地震的範圍擴大　　(B) 土地沙漠化的程度加劇
    (C) 高空大氣臭氧含量減少　　(D) 全球平均氣溫逐漸上升

70-72為題組

◎ 圖七甲、乙、丙、丁四圖分別表示 1990 年時四個國家十萬人口以上都市的規模分布圖,請問:

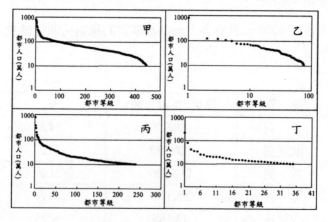

圖七

70. 甲、乙、丙、丁四圖中,哪一幅最可能是 1990 年中國大陸的都市規模分布型態?
    (A) 甲　　　　(B) 乙　　　　(C) 丙　　　　(D) 丁

71. 哪一個國家「經濟高度依賴世界價格」的色彩最濃厚?
    (A) 甲　　　　(B) 乙　　　　(C) 丙　　　　(D) 丁

72. 在中國歷史上,北宋的都市規模分布型態,和圖七中的哪一種型態最類似?
    (A) 甲　　　　(B) 乙　　　　(C) 丙　　　　(D) 丁

95年度學科能力測驗社會科試題詳解

第壹部分

1. **D**

【解析】 (A) 最高行政首長應為行政院長。

(B) 我國總統有核可行政院所提「覆議」制度，非美國總統之「否決權」。

(C) 修憲後，總統發布法律或命令，提名重要人事，無須行政院長副署。

(D) 89 年學測已考過。

2. **D**

【解析】 新興國家面臨的許多問題，皆須迫切的解決，而中山先生在「民報發刊詞」中，曾強調歐美三大問題的發生與解決有其時代背景，而中國卻同時面臨，故主張「不可不並時而弛張」的一次革命解決中國三大問題。

3. **A**

【解析】 自由基於理性與法治，同時不主張為所欲為的自由，進而主張為所應為的自由。

4. **A**

【解析】「濟弱扶傾」是王道精神的發揚，根源於中國固有的王道文化。

5. **D**

【解析】 司法、考試、監察三權在行使時，需超出黨派以外，獨立不受干涉。

6. **C**

　【解析】「聯合政府」爲「多黨制」國家之重大特徵。美國、
　　　　　俄羅斯爲「總統制」，非由多數黨組閣。瑞士爲「委員
　　　　　會制」。德、英、日、瑞典、加拿大、荷蘭爲內閣制。

7. **C**

　【解析】國父主張「發揚吾固有文化，且吸收世界之文化而光
　　　　　大之」。對中西文化主張有所取捨、調和，並主張中西
　　　　　文化沒有體用之分。
　　　　　而民初新文化運動曾有西方的世界主義與民族主義之
　　　　　辯，中山先生並以「竹槓與彩票」爲例，期望國人發
　　　　　達世界主義，必先鞏固民族主義。

8. **D**

　【解析】「均權制度」是劃分中央政府與地方政府的權限，爲
　　　　　縱向分權。
　　　　　「三權分立」、「四權分立」或「五權分立」爲同級政
　　　　　府的橫向分權。

9. **A**

　【解析】中山先生無論講「哲學、政治、社會、歷史」無不採
　　　　　取「進化觀點」。

10. **C**

　【解析】「建國大綱」將建國的程序分爲軍政、訓政、憲政三
　　　　　時期，爲「政治建設」的藍圖。
　　　　　(A) 爲民權初步
　　　　　(B) 爲孫文學說
　　　　　(D) 爲實業計畫

11. **B**

【解析】 民國九十四年五月產生的任務型國民大會，於六月完成五大修憲議題：

1. 立法委員的席次由 225 席減為 113 席。

2. 立法委員的任期第七屆起由三年調整為四年。

3. 立法委員的產生方式改為單一選區兩票制。

4. 總統、副總統的彈劾改為立法院提案，移送司法院大法官負責審理。

5. 廢除國民大會機制，改由公民複決憲法修正案。

12. **D 或 A**

【解析】 中山先生主張「中國之患在貧，貧則宜開發富源以富之，唯富而不均，仍不免於爭，故民生主義思患預防宜以歐美為鑑，力謀社會經濟均等發展」，故應選「富中求均」的答案，在經濟上的生產與社會上的分配同時並行。即中山先生主張的「取文明善果，避文明惡果」，「發達生產以致富，合理分配以求均」。

13. **C**

【解析】 (C) 此題意指軍閥（藩鎮、蕃帥）割據，因題中有「天子者，兵強馬壯者居之」文句，中國歷史上出現軍閥割據的有東漢末年到三國、唐朝末年到五代十國、清末到民初。

14. **D**

【解析】 (D) 此題關鍵處在「甲骨文書寫的五言詩」，漢唐時期的人不可能用甲骨文書寫五言詩，因甲骨文是商朝人刻或寫在龜甲或獸骨上的文字，到清末民初才被發現。

15. **B**

【解析】 (B) 唐代胡風甚盛，夷夏一家盛況空前，宮廷喋血衝突不絕於書，如唐太宗殺兄弟有名的「玄武門之變」等。

16. **B**

【解析】 (B) 英國商人到淡水經商，與當地商人發生衝突，因清朝與英國簽過南京條約的續約，允許英國有「領事裁判權」，故淡水官署無法處罰他；到1895年台灣割讓日本後，日本不允許英國有「領事裁判權」，故商人再度來台，企圖如法炮製，立刻被官署糾正、處罰。

17. **A**

【解析】 (A) 清領台灣前期（1683-1860 年）台灣因吏治不良、男女比例懸殊等，社會衝突嚴重，發生許多的民變與械鬥，故有「三年一小反，五年一大反」之言，1820 年任職台灣的官員提出報告主旨最可能是兩派人馬的集體衝突（即集體械鬥）；

(B) 臺灣鰻魚養殖始於 1960 年代；

(C) 臺灣建築鐵路始於清末劉銘傳時期，1891 年臺北至基隆段通車；

(D) 日治臺灣，臺灣糖業方使用新式機器。

18. **B**

【解析】 (B) 清朝統治台灣前期消極治台，不會加強台灣的建設（牡丹社事件沈葆楨來臺後，臺灣才開始有重大的建設）；也無需安撫鄭氏餘黨；臺灣所產不敷所用，仰賴閩省錢糧養生，主因是「當時國家控制下繳納賦稅的戶口不多，財政收入不足」，到清末劉銘傳清理田賦後，稅賦才較過去大為增加。

19. **D**

【解析】 (D) 丙：鴉片戰爭前林則徐等人對西方誤解之語；乙：
鴉片戰後南京條約規定文書往來平等，凡有關大英
國臣民者，不得書『夷』字；甲：傳統「鬼子」為
中國人對外國人的稱呼，帶有鄙視意味，甲的說法
表示中國人並非歧視外人，說此話的人較清末開
明，應為清末民初之人。

20. **C**

【解析】 (C) 明太祖朱元璋罷除中書省（廢宰相），由皇帝直接
統領六部，所有大權盡歸皇帝總之，中國君主獨裁
政體徹底建立。

21. **B**

【解析】 (B) 曹操魏武三令《魏武求才詔令》：昔伊摯、傅說出
於賤人，管仲，桓公賊也，皆用之以興。蕭何、
曹參，縣吏也，韓、陳平負污辱之名，有見笑之
恥，卒能成就王業，聲著千載。吳起貪將，殺妻
自信，散金求官，母死不歸，然在魏，秦人不敢
東向，在楚則三晉不敢南謀。今天下得無有至德
之人放在民間，及果勇不顧，臨敵力戰；若文俗
之吏，高才異質，或堪為將守；負污辱之名，見
笑之行，或不仁不孝而有治國用兵之術：其各舉
所知，勿有所遺。

22. **C**

【解析】 (C) 題目中有「可以帶給後世子孫功名或財富等福蔭」
這句話，是希望後世子孫可以在祖先的蔭蔽下，
向上層社會移動，或是累積財富。唐宋以後，科

舉考試（隋唐開始）成爲選拔人才的重要管道，士人不論出身，只要透過科舉，都能取得功名或財富等；加上工商業發達，不少平民致富，促進社會階層的流動，故「出現停棺多年、久喪不葬的習俗，要找到風水寶地之後才入葬。」。

23. **B**

【解析】(B) 清朝臺灣的發展方向是由南而北，由西而東。南部發展較早，丙是南部人口數；南部人口在光緒初年達到飽和，人民向中北部發展人口反而減少；相對中部、北部人口逐漸增多，乙是北部人口數；丁是中部人口數；甲是東部人口數。

24. **C**

【解析】(C) 題目中有「北方有蒙古韃靼、瓦剌等部族」，可以知道此時爲明代，因明代初期，蒙古雖退回北方，仍經常入寇；洪武末年，蒙古分裂爲韃靼與瓦剌兩部。

25. **D**

【解析】(D) 儒家強調倫理孝道，子爲父隱（兒子要爲父親隱藏缺點或罪惡）、要奉養老父等，題目中兩例子都說過分重視孝道，反而使國家不利，可以看出此人以國家利益爲優先，站在君主的立場，這是法家思想，故選 (D)。

26. **A**

【解析】(A) 此種文字的構造「以漢字爲偏旁，書寫時並有篆、草、行、楷等書體」，表示其曾受中國文字影響。

宋代時西夏、契丹（遼）、女眞（金）均曾模仿漢字自創文字，表示她們對漢文化有戒心，故答案爲 (A)。

27. **C**

【解析】 (C) 1937 年（民國 26 年）7 月中日八年抗戰（第二次世界大戰）開始，1937 年 12 月日本直逼南京，故「南京上游 29 公里處，有英、美兩國船隻遭到日本飛機轟炸沈沒。」此時英、美、德尚未捲入中日八年抗戰，且英、美未掃蕩中共，(A)(B)(D) 與事實不符。

28. **C**

【解析】 (1) 月雨量＜（月可能蒸發散量＋土壤水量 100mm）則缺水。

(2) 判讀附圖中：10 月～12 月的月雨量＜月可能蒸發散量，故最易發生缺水現象。

29. **D**

【解析】 (1) 陸風：夜晚陸冷壓高，海暖壓低，風由陸吹向海，船隻清晨揚帆出港。

(2) 海風：白晝海冷壓高，陸熱壓低，風由海吹向陸，故黃昏時帆船入港。

30. **C**

【解析】 四川盆地爲天府之國，農產豐富，因四周高山，形勢封閉，溫暖多霧，濕度高，水汽多，汗水不易蒸發，故藉吃麻辣冒汗達到散熱驅風除濕之效。

31. A

【解析】 (1) 美國夏令時間撥快 1 小時，故七點實際爲六點。

(2) 台灣中原標準時區（120°E）10/1 上午七點與美國 9/30 下午六點相差 13 小時。

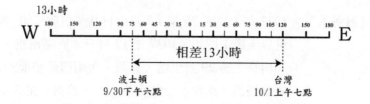

(3) 75°W 時區範圍跨 15 度：67.5° ~ 75°W ~ 82.5° 故波士頓（71°W）屬 75°W 時區（西 5 區或美國 東方時區）。

32. A

【解析】 (1) 沿岸涼流經過易形成沙漠氣候與地中海型氣候。

(2) 涼流經過，使地面空氣穩定，沿海降水減少， 多霧。

33. D

【解析】 澎湖群島爲塩基性火山噴發形成的火山島，主要地形 爲玄武岩方山，故火山地形佔全縣面積的比率最高。

34. D

【解析】 松遼平原四周山環水繞，西北爲大興安嶺，東北爲小 興安嶺，東爲長白山地，外圍有黑龍江、烏蘇里江、 圖們江、鴨綠江繞流，平原土壤肥沃，有赫哲人、鄂 倫春人、滿人等漁獵民族，亦有華北平原冀、魯、豫 省的農耕民族移入，具多元文化色彩。

35-36 為題組

35. **D**

【解析】東北地區人口密度小，農業機械化水準高，是中國重
要糧食、經濟作物產地，大豆、玉米產量居全國首位，
可銷往國內外各地，農作物商品化程度高。

36. **C**

【解析】同學可先由人口數判斷，再由所占％高的項目確認之：
甲：華北區 —— 中華文化發祥地，故人口僅次於華中，
黃淮平原糧產豐富，山西省煤礦產儲居全國首位。
乙：塞北與西部 —— 位邊陲位置，人口最少。
丙：華南區 —— 人口數次於華中、華北，因設五個經
濟特區，故國際貿易額高。
丁：華中區 —— 人口最多，長江流域糧產量高，有湖
廣熟天下足之稱，上海區電子工業發達，國際貿
易額高。
戊：東北區 —— 地廣人稀，鞍山鐵礦產量冠全國。

37-39 為題組

37. **D**

【解析】可由散布圖直接判讀或將圖中資料作成下表判讀：

夏雨　　　　　　　　　　　冬乾

月　份	1	2	3	4	5	6	7	8	9	10	11	12
月雨量	250	200	200	100	50	20	18	30	50	120	150	200
月均溫	27	26.5	26.6	26	25.6	23.8	24.2	25.8	28	27.9	28	27

7 月溫度低
故位南半球

全年月均溫介於 $24^{\circ}C \sim 28^{\circ}C$，故知屬熱帶氣候。

38. **C**

【解析】 由圖表判讀出全年月均溫在 26°C 上下，夏雨多乾，
某地屬熱帶莽原氣候，其天然植被最可能為疏林草原
（莽原）。

39. **B**

【解析】 咖啡生長環境：適宜於高溫多雨，排水良好的熱帶
地區。

<u>40-42 為題組</u>

40. **A**

【解析】 可由經緯度判斷。台灣的
經緯度位置見附圖。

41. **D**

【解析】 中緯度的大陸西岸迎來自
海洋的盛行西風，故河川
洪枯變化較小。

42. **B**

【解析】 季風分布緯度請見附圖：

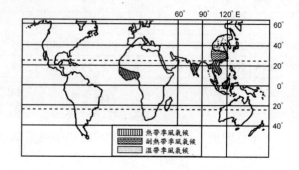

第貳部分

43. **D**

　　【解析】 新聞報導易陷入主觀價值的偏見

44. **B**

45. **A**

　　【解析】 (甲) 憲法保障人民集會結社自由。

　　　　　 (戊) 我國憲法並未明文保障同性戀人權。

46. **A**

　　【解析】 「人權」有廣義與狹義的概念，一般而言，根據聯合
　　　　　 國世界人權宣言的定義，是不分國界、種族、膚色⋯
　　　　　 「公民」為取得該國法律上得享有一定的資格，如行
　　　　　 使參政的權利，兩者並無衝突。

47. **B**

　　【解析】 社會變遷包括了「器物」，進而「制度」與「觀念」
　　　　　 的改變。新的「器物」科技的創新會影響社會行為，
　　　　　 而「制度」往往為漸進型，無法立即提供適切規範。

48. **B**

　　【解析】「集體行為」可分為兩類：(1) 群眾行為，(2) 大眾行
　　　　　 為，因長期社會衝突而引發的，通常為「群眾行為」，
　　　　　 為一種集體的感情投射於外在的事物，或一件偶發事
　　　　　 件所造成情緒上集體宣洩。

49. **D**

50. **C**

51. **D**

【解析】 (D) 第一次世界大戰（1914-1918 年）發展到 1917 年，
美國因德國採取無限制潛艇政策而朝野大憤，決
定「為維護自由民主的安全」對德宣戰，加入英、
法等協約國陣營，故啟事說「每個自由之子，快
來吧！……拿起你的槍，亮給德國佬看」；

(A) 俄國因發生 1917 年十月革命而退出戰局；

(B) 第一次世界大戰德國、奧國、保加利亞、土耳其
等皆屬同盟國，奧國未號召人民抵抗德國；

(C) 英國早已於 1914 年參戰。

52. **A**

【解析】 (A) 1941 年以前，日本在臺灣教育方面實施差別待遇、
隔離政策，故臺人就學率遠低於日人，尤其女性
更低，表四明顯呈現日本人與臺灣人在台灣適齡
兒童就學情況統計調查數據中比例懸殊；

(B) 臺灣雖受日本統治五十一年，真正信仰神道教者
很少；

(C) 日治時期臺灣人有工作者甚多，只是薪水、待遇
等方面倍受歧視；

(D) 日治時期臺灣人尚未享有醫療照護保險。

53. **A**

【解析】 (A) 1880年美國人伊士曼發明照相機與軟片，劉銘傳擔
任台灣巡撫期間（1885-1891 年）可見此項技術。

54. **B**

【解析】(B)「汽車價格將低於馬匹」這句話，這代表當時已經發明汽車，但它的價格相當昂貴，美國汽車價格大幅下降是在二十世紀初；「軍隊能從氣球上使用附有照相機的望遠鏡」，照相機發明在 1880 年，將其反推的話，最接近 1900 年。

55. **A**

【解析】(A) 日本在 1858 年後被迫簽訂許多不平等條約，到中日甲午戰爭（1895 年）打敗中國，成為亞洲第一強國，到 20 世紀初，終於重新簽訂平等新約，獲得關稅自主權；

(B) 中國到 1943 年才與列強重新簽訂平等新約；

(C) (D) 印度與菲律賓早已淪為列強的殖民地，到第二次世界大戰（1945 年）後才獨立。

56. **C**

【解析】(C) 十九世紀中法越南戰爭（1885 年）後越南成為法國的殖民地；到第二次世界大戰（1945 年，二十世紀中期）後，法國支持越南獨立。

57. **D**

【解析】(D) 題目中有「我的祖父因為信奉新教，被教區神父處罰終身苦力」，可知這個時候新教已經出現，時間在十六世紀後，

(A) 時間不合；這個女子所屬是舊教勢力較強大的地區，所以才會受到舊教勢力的迫害，

(B) (C) 所屬的區域均是新教勢力較強的地方，故選 (D)。

58. **C**

【解析】 (C) 從圖四新月形的標記可以知道，該地區屬於伊斯蘭
教的地區。因為伊斯蘭教國家，受到十字軍東征的
歷史影響，無法接受紅十字會的標誌，改採用伊斯
蘭世界的的新月標誌，答案中只有 (C) 巴基斯坦屬
於回教世界。

59. **C**

【解析】 (C) 火柴用黃磷、硫磺等原料製造，是 1830 年代德人
與法人研發出現；題目中有「煤油燈可以把黑夜
照的如同白晝」，可知當時主要是以煤油燈作為
照明的主要工具，煤油燈盛行在十九世紀，到二
十世紀後，煤油燈就被電燈所取代，由此可知這
位學者的幼年時光應屬於十九世紀；(A)(B) 均在十
八世紀，(D) 在二十世紀，都不符合，故選 (C)。

60. **A**

【解析】 (1) 歐盟未來新成員國：保加利亞、羅馬尼亞、土
耳其。

(2) 土耳其國土跨歐亞兩洲，主要宗教信仰為伊斯蘭
教，若加入歐盟，易產生地緣政治上的摩擦。

61. **B**

【解析】 美國中部大平原的北部曾被第四紀大陸冰河覆蓋，冰
河移動刻蝕，形成冰蝕湖泊廣布的冰蝕平原。

62. **C**

【解析】(1) 堪薩斯州：因緯度較低，種冬小麥，秋種至異年的夏收。

(2) 美加邊界：因緯度高冬冷，種春小麥，春種秋收。

63. **A**

【解析】甲：紐西蘭、北島→以畜牧業為經濟主體。

乙：非洲、馬達加斯加島。

丙：斯里蘭卡、錫蘭島。

丁：愛爾蘭島。

64. **B**

【解析】(1) 印度地形分三大部分：

1. 北部高山區。

2. 中部印度大平原。

3. 南部德干高原。

(2) 印度氣候：主要屬熱帶季風氣候。

(3) 宗教複雜，有「宗教博物館」之稱，主要宗教有：印度敎、佛敎、耆那敎、錫克敎、回敎、基督敎、祆敎等。

(4) 印度語言：各民族語言多達一千六百多種，憲法中承認的正式語言有十五種，分屬印歐語系、達羅毗荼語系、漢藏語系、南亞語系。

(5) 印度近年發展通訊和電腦軟體有成，為金磚四國之一。

65. **C**

【解析】 (1) 衣索比亞是人類古文明發源地之一，非洲最古老的獨立國。

(2) 衣索比亞全境以高原爲主，東非大地塹由東北向西南貫穿，把高原一分爲二，高原交通困難，使外來文化對宗教信仰的影響較弱，而殘存有「文化島」現象。

66-67 爲題組

66. **A**

【解析】 多元開放的國家，人民彼此尊重，包容不同意見；保守、封閉的國家，社會對立氣氛較重。而前者通常經濟生活富庶，教育水平較高，故由圖判別乙國爲多元開放的社會。

67. **B**

68-69 爲題組

68. **C**

【解析】 (1) 非洲地質構造以古老結晶岩爲主，故多金屬礦。

(2) 石油多蘊藏於沈積岩的背斜層中。

69. **D**

【解析】 (1) 造成全球暖化的溫室效應氣體，以 CO_2 占最大部分。

(2) 空氣中 CO_2 的增加，主要是工廠、電廠、家庭、運輸工具燃燒化石燃料所產生。

70-72 為題組

70. **A**

　【解析】　中國超過百萬的都市有數十個，都市等級為第一級的
　　　　　　上海市，人口達千萬。

71. **B**

　【解析】　工業化帶來都市化，都市產業以 2、3 級為主，乙圖顯
　　　　　　示都市化程度較低，鄉村以第一級產業為主，故經濟
　　　　　　高度依賴世界價格。

72. **B（或 D）**

　【解析】　(B) 唐代以降的城市發展集中於首都，且北宋施行「強
　　　　　　　　幹弱枝」政策，在財富及資源均集中於首都的情況
　　　　　　　　下，可推論汴京為首要型都市，符合乙圖的型態；
　　　　　　(D) 若考生關注北宋的社會經濟發展，則可瞭解此時南
　　　　　　　　方城市（如蘇州、杭州）人口已逐漸增加，當地的
　　　　　　　　圩田農業及城市均蓬勃發展。若以史料文獻所述汴
　　　　　　　　京約 140 萬人口且當時南方都市持續發展，則較符
　　　　　　　　合丁圖的都市規模分布型態。故 B 或 D 均為本題
　　　　　　　　的正確答案。

九十五年大學入學學科能力測驗試題
自然考科

第壹部分（佔 96 分）

一、單選題（佔 72 分）

說明：第 1 至 36 題為單選題，每題均計分。每題選出一個最適當的選項，標示在答案卡之「選擇題答案區」。每題答對得 2 分，答錯不倒扣。

1. 一般的胃痛大都與胃酸過多有關。在 $NaOH$、KOH、$Ca(OH)_2$、$Mg(OH)_2$ 四種物質中，只有一種物質不會傷害口腔、食道，因而適合用於胃藥。關於這一種物質的性質描述，下列哪一項正確？
   (A) 是兩性物質，可以當作鹼或酸
   (B) 在水中的溶解度是四種物質中最小
   (C) 為共價化合物
   (D) 1 莫耳物質可中和 1 莫耳鹽酸
   (E) 可作氧化劑

2. 聚合物是由很多小分子經化學反應後連結而成的巨大分子，具有很高的分子量，是我們生活中經常使用或接觸的物質。下列哪一種物質<u>不是</u>聚合物？
   (A) 澱粉　　(B) 肥皂　　(C) 塑膠　　(D) 纖維素
   (E) 蛋白質

3. 酸雨的危害包括腐蝕大理石的建築物及雕像，也會酸化河水、湖泊，影響水中的生態。位於下列哪一種地質環境的湖泊，其湖水的 pH 值受酸雨的影響最小？
   (A) 花崗岩　　(B) 安山岩　　(C) 石灰岩　　(D) 玄武岩

4. 圖 1 是碳鋅乾電池的剖面圖。當這種乾電池放電時，下列哪一種
物質獲得電子？

(A) 鋅

(B) 碳棒

(C) 氯化銨

(D) 氯化鋅

(E) 二氧化錳

負極（鋅）

正極（碳棒）

氯化銨、氯化鋅、二氧化錳等的混合物

圖 1

5. 硬水中含有鈣、鎂等金屬離子，因為生活上或工業上的需要，有
時必須先將硬水利用不同的方法處理。若將 1 公升的硬水分成四
等份，分別用下列的方法處理：(甲) 陽離子交換法，將水中的陽
離子交換鈉離子 (乙) 蒸餾法 (丙) 陰陽離子交換法，將水中的陽
離子交換氫離子，陰離子交換氫氧根離子 (丁) 逆滲透法。經處
理後的水，其導電度大幅下降的有哪幾種？

(A) 甲乙　　　(B) 甲丙　　　(C) 甲乙丙

(D) 甲丙丁　　(E) 乙丙丁

6-7為題組

　　表 1 是硝酸銀、硝酸鉛、硝酸鋇、硝酸鎳等四種溶液分別與氯
化鈉、硫酸鈉、硫化鈉等三種溶液作用的結果（所有溶液的濃度都
是 0.01 M）。試根據上文，回答 6-7 題。

表1

	$AgNO_3$	$Pb(NO_3)_2$	$Ba(NO_3)_2$	$Ni(NO_3)_2$
NaCl	白色沉澱	白色沉澱	---	---
Na_2SO_4	---	白色沉澱	白色沉澱	---
Na_2S	黑色沉澱	黑色沉澱	---	黑色沉澱

--- 表示無沉澱發生

6. 硝酸鉛與氯化鈉作用產生的白色沉澱，其正確的化學式為下列哪一項？

(A) $NaNO_3$　　(B) Na_2NO_3　　(C) $PbCl$　　(D) $PbCl_2$　　(E) $Pb(OH)_2$

7. 有一溶液含 Ag^+、Pb^{2+}、Ni^{2+} 三種離子各 0.01M，若使用均為 0.01M 的 $NaCl$、Na_2SO_4、Na_2S 溶液作為試劑，使Ag^+、Pb^{2+}、Ni^{2+} 分離，則滴加試劑的順序應為下列哪一項？

(A) $NaCl$、Na_2SO_4、Na_2S　　(B) Na_2SO_4、$NaCl$、Na_2S

(C) $NaCl$、Na_2S、$NaSO_4$　　(D) Na_2SO_4、Na_2S、$NaCl$

(E) Na_2S、$NaCl$、Na_2SO_4

<u>8-9為題組</u>

　　甲、乙、丙、丁、戊五種不同化合物的沸點及其 1.0 M 水溶液的導電電流數據如表 2。測量導電電流的實驗裝置如圖 2 所示，實驗時取用的化合物水溶液均為 1.0 M 及 100 毫升，分別置於燒杯中，然後記錄安培計的導電電流讀數。試根據上文，回答 8-9 題。

表2

化合物	沸點（$^\circ C$）	1.0M水溶液的導電電流（安培）
甲	400 (分解)※	1.10×10^{-1}
乙	140	9.93×10^{-4}
丙	64.8	1.07×10^{-4}
丁	56.5	4.95×10^{-3}
戊	-84.8	2.59×10^{-1}

※ 分解表示該化合物到 400℃時，就分解了，因此沒有所謂的沸點。

8. 由表 2 的數據推測，最可能為離子化合
   物的是下列哪一種物質？
   (A) 甲　　　　(B) 乙　　　　(C) 丙
   (D) 丁　　　　(E) 戊

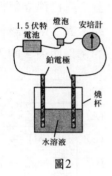

圖2

9. 由表 2 的數據推測，最可能為分子化合
   物又是強電解質的是下列哪一種物質？
   (A) 甲　　　　(B) 乙　　　　(C) 丙
   (D) 丁　　　　(E) 戊

10. 從適應和演化的角度來看，養雞場平時不宜在雞隻飼料中添加抗
    生素的最主要原因為下列哪一項？
    (A) 會增加雞隻飼養的成本
    (B) 會加速雞隻對抗生素產生抗藥性
    (C) 會加速有抗藥性病原體的發生
    (D) 會讓病原體滅絕，減少地球的生物多樣性
    (E) 避免讓人吃到抗生素，因有些人會對抗生素過敏

11-12為題組

　　亞硝酸和氨等成分對魚具有毒性，
若要維持水族箱裡魚兒悠遊的景致，水
族箱內必須維持良好的氮循環機制。試
根據圖 3 和表 3 的資料，回答 11-12 題。

圖3

表3

甲	魚的排洩物和飼料殘渣，被氨化細菌作用產生氨
乙	硝酸菌進行作用，產生硝酸根離子
丙	魚吃水草及水棲小生物
丁	亞硝酸菌進行作用，產生亞硝酸根離子
戊	水草吸收水中的含氮養分

11. 圖 3 為已建立氮循環系統的水族箱內，其氮循環過程的簡單示意圖。表 3 則為該氮循環中，各階段過程的內容說明。若要將圖 3 的過程與表 3 的內容說明加以配對，則下列哪一選項正確？

	1→2→3→4→5
(A)	甲→乙→丙→丁→戊
(B)	甲→丁→乙→戊→丙
(C)	甲→乙→丁→戊→丙
(D)	甲→戊→乙→丁→丙
(E)	甲→戊→丁→乙→丙

12. 在圖 3 的水族箱內，硝酸菌和亞硝酸菌兩者之間的生態關係為下列哪一項？
    (A) 競爭　　　　　(B) 掠食　　　　　(C) 寄生
    (D) 片利共生　　　(E) 互利共生

13. 去年夏天，林同學在某地區進行野兔的族群調查研究，結果發現該族群中的野兔毛色不一如圖 4。試問造成該族群的野兔毛色不同之最主要原因為下列哪一項？

圖4

    (A) 變異　　　　　(B) 競爭　　　　　(C) 適應
    (D) 消長　　　　　(E) 天擇

14-15為題組

　一生態系中包含有不同營養階層的生物。它們彼此間的關係常可用能量、個體數或生物量等參數來作圖表示。這種關係圖在多數情況下呈一塔狀結構，因此被稱為生態塔。常見的生態塔呈金字塔形；然而在海洋中，藻類和以它們為食的魚類所形成的生態塔，卻可能呈現如圖 5 的倒金字塔形。試根據上文，回答 14-15 題。

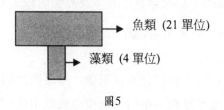

魚類 (21 單位)

藻類 (4 單位)

圖5

14. 試問，圖 5 的倒金字塔形生態塔，最可能是利用下列哪一項參數
　　（單位）作圖出來的？
　　(A) 能量 (卡/平方公尺·年)
　　(B) 能量 (千卡/平方公尺·年)
　　(C) 能量 (焦耳/平方公尺·年)
　　(D) 生物量 (克/平方公尺)
　　(E) 個體數 (個體/100平方公尺)

15. 圖 5 的生態塔，會呈倒金字塔形的最可能原因，為下列哪一項？
　　(A) 魚類因海洋污染，而突變增多
　　(B) 魚類的食量大，使藻類所剩無幾
　　(C) 海洋生態系中有許多種魚能直接固定光能
　　(D) 在海洋生態系中，魚類因生物放大效應而變多
　　(E) 藻類的光合作用效率極高且繁殖快速，所以可以支持重量遠
　　　　大於自身的魚類

16-17為題組

　　眾所周知，昆蟲的繁殖能力驚人，而估算一種昆蟲的繁殖潛能應該以族群作為基準。以某種蝴蝶為例，其族群中個體增加量 (Nb) 可用下列公式表示：

$$Nb = E \times f/(m + f)$$

　　E：一隻雌蝶的平均產卵量； m：雄蝶個體數； f：雌蝶個體數

試根據以上資料，回答 16-17 題。

16. 假若這種蝴蝶的不同世代不會重疊，雌雄的比例為 1：1，一生只交配一次，每隻雌蝶一生的平均產卵數為 100，則這種蝴蝶的下一個世代族群數量，在子代沒有任何損失的情形下，可增加為原來的幾倍？

    (A) 1　　　(B) 2　　　(C) 5 0　　　(D) 100　　　(E) 200

17. 承上題，如果 Rb 表示這種蝴蝶經過若干 (n) 世代後，其族群數量增加的理論值，並可用下列公式估算：

$$Rb = [E \times f/(m + f)]^n$$

根據這項公式，如果有一對這種蝴蝶，其交配後產生的子代不會有任何折損，則經過至少多少世代之後，其子代數量會超過一百萬隻(不含親代)？

    (A) 1　　　(B) 2　　　(C) 3　　　(D) 4　　　(E) 5

18. 圖 6 爲某科生物，在世界不同區域及不同緯度條件下，其種數的分布情形。根據圖中的資料，下列哪一項敘述正確？

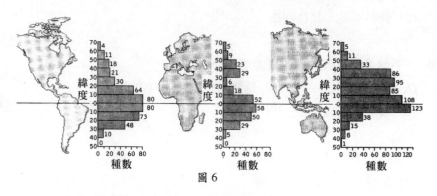

圖 6

(A) 在赤道地區，該科生物的種數較少

(B) 該科生物的分布北限，位於北緯 60 度

(C) 南緯 50 度以南，仍然有該科生物的存在

(D) 三個大區域之中，美洲有最多該科生物的種數

(E) 該科生物在北緯 23 度地區的種數，不一定都會多於在北緯 35度地區的種數

19-22爲題組

地球的形貌持續在改變當中，圖 7 是夏威夷群島主島 (編號 1 號) 與其 3 個鏈狀火山島嶼 (編號 2，3，4 號) 的分布示意圖 (未按比例繪製)。許多的科學家相信，夏威夷群島主島和這些鏈狀火山島嶼，應該是因爲太平洋板塊在一個可視爲固定不動且噴發岩漿的「熱點」上移動(箭頭指向代表板塊移動方向)造成的。噴出岩漿凝固逐一形成這些火山島嶼，試依據圖 7 回答 19-22 題。

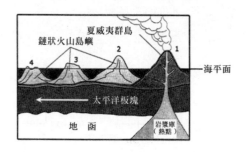

圖7

19. 火山島嶼 1 至 4 主要由下列何種岩石組成？

    (A) 火成岩　　　　　(B) 沈積岩　　　　　(C) 變質岩

    (D) 資料不足，無法判斷

20. 下列何者在眞實地球的實際體積最大？

    (A) 夏威夷群島　　　(B) 鏈狀火山島嶼　　(C) 地殼

    (D) 太平洋板塊　　　(E) 地函

21. 此處應位於地球的哪一個位置？

    (A) 位於張裂性板塊交界處

    (B) 位於聚合性板塊交界處

    (C) 位於錯動性板塊交界處

    (D) 不位於板塊交界處

22. 下列哪一圖最能代表從鏈狀火山島嶼（4，3，2）到夏威夷群島
    主島 (1) 的年齡分布情形？

    (A)　　　　　　　　　(B)　　　　　　　　　(C)

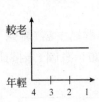 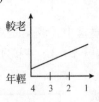

    (D)　　　　　　　　　(E)

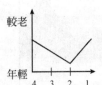

23-24為題組

　　圖 8 為以太陽作光源，地球和月球在一個月中相對位置關係的示意圖（未按比例繪製），地球和月球上的白色區域代表受光面，黑色區域代表背光面。甲、乙、丙、丁四點分別代表在一個月中月球與地球相對的四個位置。試依據圖 8 回答 23-24 題。

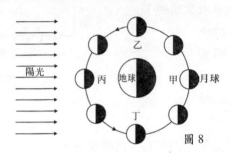

圖 8

23. 根據歷史記載，唐朝人為中秋節的月亮取了個名字叫做「端正月」。試問端正月那一天，月球應該在圖 8 中的哪一個位置上？
　　(A) 甲　　　　　(B) 乙　　　　　(C) 丙　　　　　(D) 丁

24. 台灣地區的人在 2005 年 10 月 17 日晚間，可看到難得一見的「月偏食」，當天月球應該在圖 8 中的哪一個位置上？
　　(A) 甲　　　　　(B) 乙　　　　　(C) 丙　　　　　(D) 丁

25. 『福爾摩沙衛星三號』預計於2006年3月發射，其為一氣象觀測衛星，觀測範圍涵蓋全球大氣層及電離層。試問除了利用氣象衛星進行大氣觀測外，下列哪一項也是收集高空氣象資料的正確方式？
　　(A) 藉由光譜儀可得知不同雲種的分布
　　(B) 由溫鹽深儀 (CTD) 可以得知降水多寡
　　(C) 雷文送 (亦稱雷送) 可以提供高層大氣的氣象資料
　　(D) 可由百葉箱觀測到高空的風向、風速、氣壓、溫度等

26. 圖 9 為 1971 至 2000 年間台
北測站的月平均降雨量圖，
由圖 9 可以看出，台北測站
逐月的降雨變化出現兩個高
峰值，試問造成此兩降水高
峰的主要天氣現象為何？

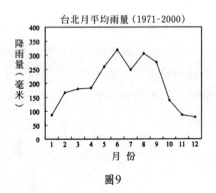
圖9

(A) 梅雨、冷鋒

(B) 梅雨、颱風

(C) 春雨、梅雨

(D) 颱風、冷鋒

27. 下列有關『臭氧』的敘述，何者正確？

(A) 臭氧濃度在地面最高

(B) 臭氧可以吸收紫外線

(C) 臭氧屬於大氣中的固定成分

(D) 近年來，臭氧層的臭氧濃度因人類的活動而日漸增大

28. 圖 10 中，甲與乙兩物體在等臂天平兩端，天平保持平衡靜止，
其中 $W_甲$ 與 $W_乙$ 分別代表甲與乙所受的重力，$N_甲$ 與 $N_乙$ 分別為天
平對甲與乙的向上拉力，若 $G_甲$ 與 $G_乙$ 分別代表甲與乙對地球的
萬有引力，則下列選項中哪一對力互為作用力與反作用力？

(A) $W_甲$ 與 $W_乙$

(B) $N_甲$ 與 $W_甲$

(C) $N_甲$ 與 $N_乙$

(D) $G_甲$ 與 $W_甲$

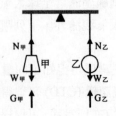
圖10

29. 動物跳躍時會將腿部彎曲然後伸直加速跳起。表 4 是袋鼠與跳蚤跳躍時的垂直高度。若不計空氣阻力，則袋鼠躍起離地的瞬時速率約是跳蚤的多少倍？

表4

	跳躍的垂直高度 (公尺)
袋　鼠	2.5
跳　蚤	0.1

(A) 1000　　　　(B) 25　　　　(C) 5　　　　(D) 1

30. 玩具飛機懸吊在一細繩下端，繞水平圓形軌道等速率飛行，如圖 11 所示。下列有關此玩具飛機運動的敘述哪一項正確？

(A) 飛機的速度保持不變

(B) 重力做功提供飛機的動能

(C) 飛機的加速度指向前進方向

(D) 飛機所受合力指向軌道圓心

圖11

31. 圖 12 中，甲、乙、丙、丁為空氣中四種聲波的波形，下列敘述哪一項正確？

(A) 丙的響度大於丁

(B) 甲的音調高於乙

(C) 丁的音色與甲相同

(D) 丁的傳播速率大於丙

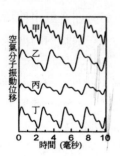

圖12

32. 人們常用分貝來描述聲音，下列有關分貝的敘述哪一項正確？
    (A) 分貝是音調的單位
    (B) 零分貝時，空氣分子的振動振幅不爲零
    (C) 演唱會聲音超過 100 多分貝對身心毫無傷害
    (D) 40 分貝聲波所傳播的能量恰是 20 分貝聲波的 2 倍

33. 以相同強度的紅、綠、藍三原色的光，同時投射在白色光屏上時，
    所顯現的顏色標示如圖 13。一般室內燈光所見爲綠色的地毯，在
    下列哪一種色光照射下最可能呈現黑色？
    (A) 白
    (B) 黃
    (C) 青
    (D) 洋紅

    圖 13

34. 游泳時戴上泳鏡，在水中可看清景物；若不戴泳鏡，即使是視力
    正常的人在水中，所看到的景物也模糊不清。不戴泳鏡時，無法
    看清水中景物的主要原因爲下列哪一項？
    (A) 在水中瞳孔會縮小，使進入眼睛的光線不足
    (B) 在水中時，不戴泳鏡會比較緊張，無法集中精神
    (C) 水分子會碰撞射向眼睛的光，使進入眼睛的光線不足
    (D) 與光在空氣中傳播的情形相比，光在水中的傳播速率更接近
        光在眼睛內的傳播速率

35. 如圖 14 所示，在一直線上有兩個點電荷。電量爲 $+4Q$ 的點電荷
    固定於 $x = 5a$，電量爲 $-Q$ 的
    點電荷固定於 $x = 9a$。將一點
    電荷 $+Q$ 置於直線上何處時，
    此 $+Q$ 電荷所受的靜電力爲零？
    (A) $3a$　　(B) $7a$　　(C) $11a$　　(D) $13a$　　(E) $15a$

36. 甲生走路時每單位時間所消耗的能量，與行進速率的關係如圖
15。假設甲生每天都沿著相同的路徑自學校走回家，則甲生以
2.0 公尺/秒等速率走回家所消
耗的總能量，約為以 1.0 公
尺/秒等速率走回家的多少倍？
    (A) 1.5
    (B) 2.0
    (C) 2.5
    (D) 3.0
    (E) 3.5

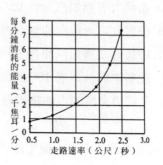

圖15

二、多選題（佔 24 分）

說明：第 37 至 48 題為多選題，每題均計分。每題的選項各自獨立，
其中至少有一個選項是正確的，選出正確選項標示在答案卡之
「選擇題答案區」。每題皆不倒扣，選項全部答對得 2 分，只
錯一個選項可得 1 分，錯兩個或兩個以上選項不給分。

37. 尿素 $(NH_2)_2CO$ (分子量 = 60) 是工業上重要的化學原料，也可作
為農作物的肥料成份。由氨與二氧化碳反應可得尿素和水，若在
壓反應容器內加入 34 克氨 (分子量 = 17) 與 66 克二氧化碳 (分子
量 = 44)，假設氨與二氧化碳完全反應後，則下列有關此反應化
學計量的敘述，哪幾項是正確的？（應選三項）
    (A) 平衡的化學反應式是 $NH_{3(g)} + CO_{2(g)} \rightarrow (NH_2)_2CO_{(aq)} + H_2O_{(l)}$
    (B) 剩餘 8.5 克的氨未反應
    (C) 剩餘 22 克的二氧化碳未反應
    (D) 生成 60 克的尿素
    (E) 生成 18 克的水

38. 加油站販售的無鉛汽油都標示著汽油的辛烷值,下列有關辛烷值的敘述,哪幾項是正確的?(應選二項)

(A) 市售九五無鉛汽油含 95% 正辛烷

(B) 市售九八無鉛汽油含 98% 異辛烷

(C) 市售九二無鉛汽油含 8% 正庚烷

(D) 配製辛烷值超過 100 的汽油是可能的

(E) 辛烷值愈高的汽油抗震爆能力愈好

39. 下列市售電池中,<u>不使用</u>鹼性氫氧化物為電解液的有哪幾種?
(應選二項)

(A) 乾電池　　(B) 鹼性電池　　(C) 水銀電池

(D) 鎳鉻電池　　(E) 鉛蓄電池

40. 表 5 為六種陸地的生物相,圖 16 則為這六種陸地生物相與「溫度」和「降雨量」的關係圖。根據表 5 和圖 16 的資料,下列哪幾項敘述最為恰當?(應選三項)

(A) 「甲」為沙漠　　　　(B) 「乙」為闊葉林

(C) 「丙」為草原　　　　(D) 「丁」為熱帶雨林

(E) 「戊」為寒原　　　　(F) 「己」為針葉林

表5

| 草原 |
| 寒原 |
| 沙漠 |
| 闊葉林 |
| 針葉林 |
| 熱帶雨林 |

圖16

41. 某同學在上生態課時舉手發問：「很多農作物的野生種，只是野外的雜草罷了，為什麼值得我們保存它們呢？」。從自然保育的觀點，下列哪幾項理由較為適切？（應選三項）
　　(A) 保存這些雜草，可減少地球的溫室效應
　　(B) 保存這些雜草，可強化當地生態系的穩定性
　　(C) 保存這些雜草，可增加澱粉的生成量，供人類社會使用
　　(D) 這些雜草的保存，或可提供有用基因，供農作物的育種使用
　　(E) 這些雜草的保存，或可提供特定的藥用成分，供人類社會使用

42. 以下哪幾項作為，可避免過度利用自然資源？（應選二項）
　　(A) 將垃圾分類回收利用
　　(B) 廣闢山坡地為茶園，以增加農產收成
　　(C) 於河川中，普設攔砂壩，以避免砂土流失
　　(D) 於春季設定日光節約時間，將時鐘撥快1小時
　　(E) 進行漁塭養殖時，儘量使用地下水，以避免水資源的無謂流失浪費

43-44為題組

　　表 6 是北半球甲、乙、丙、丁四個觀測站記錄到的氣壓值，圖 17 為該區域的等壓線分布示意圖。試依圖 17 和表 6 的資料，回答 43-44 題。

表6

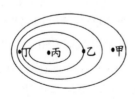

圖 17

測站	氣壓值 (百帕)
甲	1022
乙	1028
丙	1035
丁	1026

43. 此四觀測站當地的天氣型態，可能是下列哪幾項？（應選二項）

(A) 颱風侵襲　　(B) 熱低壓滯留　　(C) 梅雨鋒面滯留

(D) 極地大陸氣團籠罩　　　　　(E) 太平洋高壓籠罩

44. 關於各地的天氣預報內容，下列哪幾項正確？（應選二項）

(A) 丙地為下降氣流

(B) 丁地的風速比甲地大

(C) 乙地居民可感受到南風

(D) 甲地居民可感受到南風

(E) 甲地天氣晴朗乾燥，而丙地需嚴防豪雨

45. 圖 18 為太平洋某地海水溫度與
深度的關係圖。若依海水溫度
的垂直變化特徵，將海水分為
甲、乙、丙三層，則下列哪幾
項敘述正確？（應選二項）

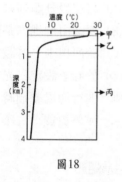

圖18

(A) 海水溫度最低處出現在丙層

(B) 乙層海水溫度的垂直變化最大，
稱為混合層

(C) 丙層海水溫度的垂直變化最大，稱為斜溫層

(D) 甲層為混合層，海水溫度的垂直變化不大

(E) 乙層海水溫度隨深度遞減率大約為 $1°C/km$

46. 一警車接獲搶案通報之後，以最高車速 40公尺/秒 (144公里/時)，
沿直線道路向東趕往搶案現場。當警車距離搶匪 250 公尺時，搶
匪開始駕車從靜止以 4公尺/秒^2 的加速度，沿同一道路向東逃逸。
警車保持其最高車速，繼續追逐匪車。若匪車最高車速也是 40 公
尺/秒，則下列敘述哪幾項正確？（應選三項）

(A) 搶匪駕車 10 秒後被警車追上

(B) 兩車相距最近距離為 50 公尺

(C) 搶匪駕車從靜止經過 10 秒，前進了 200 公尺

(D) 搶匪駕車從靜止經過 10 秒，車速為 40 公尺/秒

(E) 追逐過程警車引擎持續運轉，警車的動能持續增加

47. 人們利用變壓器將電壓升高或降低，變壓器的應用使得發電廠不須設在住家附近。下列有關變壓器的敘述，哪幾項正確？（應選三項）

(A) 變壓器的環形鐵心是永久磁鐵

(B) 變壓器能變壓，與電流的磁效應有關

(C) 變壓器能變壓，與電流的熱效應有關

(D) 變壓器能變壓，與磁場改變時會產生感應電動勢有關

(E) 變壓器可使兩電力系統不須直接連結，就可以作電能的轉移

48. 某次閃電的過程中，雲的底部和地面之間，電壓高達 1 千萬伏特，並在約 0.02 秒內輸送 20 庫倫的電量至地面。下列與閃電有關的敘述，哪幾項正確？（應選二項）

(A) 該次閃電所產生的電功率約為 10^7 瓦特

(B) 雲和地面間高電壓的產生與摩擦起電有關

(C) 飛機在空中飛行時不可能遭雷擊，因此不須裝置避雷針

(D) 閃電時的大電流，使空氣產生高熱而快速膨脹，故常伴隨有雷聲

(E) 當閃電擊中住家電路的屋外電線時，屋內電視若未拔掉插頭，則可能會受損

第貳部分（佔 32 分）

說明：第 49 至 68 題，共 20 題，其中單選題 16 題，多選題 4 題，每 2 分。答錯不倒扣。多選題只錯一個選項可獲 1 分，錯兩個或兩個以上不給分。此部分得分超過 32 分以上，以滿分 32 分計。

49-50為題組

在固定體積的密閉容器內，置入 X 和 Y 兩種氣體反應物後，會生成一種Z氣體產物，圖 19 表示反應物和產物的濃度隨反應時間的變化關係。試根據上文，回答 49-50 題。

49. 下列哪一項可表示 X 和 Y 的化學反應式？

(A) $X + Y \rightarrow Z$

(B) $X + 2Y \rightarrow Z$

(C) $2X + Y \rightarrow Z$

(D) $X + Y \rightarrow 2Z$

(E) $X + 2Y \rightarrow 2Z$

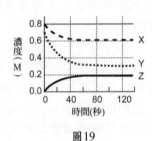

圖19

50. 若於相同的反應條件下，但在 X 和 Y 反應開始時加入催化劑，下列哪一圖最可表示反應物和產物的濃度隨反應時間的變化？

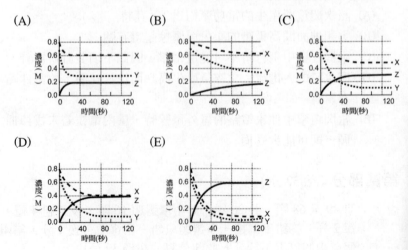

51-52為題組

　　在 25°C、1 大氣壓下，取 0.5 公升氫氣，在溫度不變的情況下，測得該氫氣的壓力 (P) 與體積 (V) 的變化如表 7。

表7

P (大氣壓)	1.00	1.11	1.25	1.43	1.67	1.99	2.50	5.00
V (升)	0.50	0.45	0.40	0.35	0.30	0.25	0.20	0.10

有五學生根據表 7 的數據以不同方式作圖，分別得甲、乙、丙、丁、戊圖。

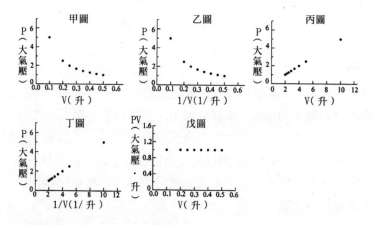

試根據上述資料，回答 51-52 題。

51. 甲圖至戊圖中，哪二個圖是符合實驗數據的正確作圖？
　　（應選二項）
　　(A) 甲　　　(B) 乙　　　(C) 丙　　　(C) 丁　　　(E) 戊

52. 承上題，若要預測壓力為 0.5 大氣壓時氫氣的體積，使用哪一個圖較佳？
　　(A) 甲　　　(B) 乙　　　(C) 丙　　　(D) 丁　　　(E) 戊

53. 如圖 20，我們的腳拇指和第二腳趾的長短差別，其實是由一對等
位 (對偶) 基因所控制的性狀。其中腳拇指比第二腳趾短的特徵，
是由顯性基因 (T) 控制，而腳拇指比第二腳趾長的特徵，則是由
隱性基因 (t) 控制。某對夫婦每次只生一個小孩，共生了 11 個小
孩，其中 10 個小孩的腳拇指比第二腳趾短，1 個小孩的腳拇指比
第二腳趾長，試問該對夫婦的基因型最可能為下列哪一項？

(A) TT、TT

(B) TT、Tt

(C) Tt、Tt

(D) Tt、tt

(E) tt、tt

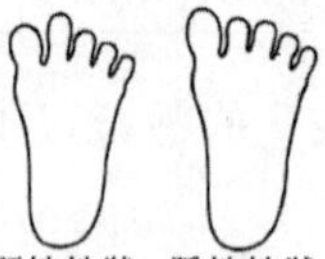

顯性性狀　隱性性狀

圖 20

<u>54-56 為題組</u>

　　流行性感冒病毒 (流感病毒) 的構造很簡單，是一個由「基質蛋
白」形成的球狀殼，內部有 7-8 條分別由「遺傳物質」與「核蛋白」
纏繞形成的螺旋構造，其外部則包覆著脂質的「膜套」，膜套上鑲嵌
有「血凝素 (H)」和「神經氨酸酶 (N)」兩種表面蛋白。依照核蛋白
及基質蛋白的抗原性差異，流感病毒可區分為 A、B 和 C 三個型別。
A 型流感病毒的宿主範圍廣泛，除了人、豬、馬等哺乳動物之外，亦
能感染多種禽鳥的細胞。B 型和 C 型流感病毒則以感染人類為主。

　　流感病毒的傳染能力，主要與病毒表面蛋白的作用有關：血凝素
使病毒能吸附並感染宿主細胞，神經氨酸酶則可溶解宿主細胞，讓增
殖後的病毒從宿主細胞中釋出。依其表面蛋白的抗原性差別，A 型流
感病毒可進一步區分成多種亞型，目前已知血凝素有 15 種亞型 (H1～
H15)，而神經氨酸酶則有 9 種亞型 (N1～N9)。會造成人類流行性感
冒疾病 (人流感) 的病毒株，主要具有 H1、H2、H3 三種之一的血凝
素亞型，與 N1、N2 二種之一的神經氨酸酶亞型。

　　人類對流感病毒的防疫能力，與體內能否及時產生可辨識病毒表面蛋白的抗體有密切關係。由於流感病毒的遺傳物質為單股 RNA，複製時的突變率高，易導致所生成的血凝素與神經氨酸酶發生抗原特性的改變，這也是為何流感病毒的疫苗需要每年重新接種的主要原因。若人流感病毒的突變，僅造成病毒表面蛋白少數幾個胺基酸發生改變，則先前注射的流感疫苗還有可能因交叉免疫而有局部的防疫效果；最令人擔心的是，原先不會感染人類的流感病毒（如高病源性的 H5N1 亞型禽流感病毒），在某種情況下進入人體細胞，並與人流感病毒的遺傳物質發生重組交換，新產生的病毒株不但擁有人體免疫系統從未接觸過的表面蛋白，並且具有從人群中傳染開來的能力，如此將對全人類的健康造成嚴重的威脅。目前全世界的衛生單位都正密切關注著禽流感疫情的發展。

根據上文，回答 54-56 題。

54. 圖 21 為流感病毒的剖面構造示意圖，試問圖中標示「甲」的部位，是由下列哪幾種成份組成的？（應選二項）

(A) 血凝素　　　(B) 核蛋白
(C) 核糖核酸　　(D) 基質蛋白
(E) 神經氨酸酶　(F) 去氧核糖核酸

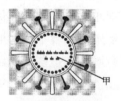

圖21

55. 流感疫苗需要每年重新接種的原因，與下列哪幾項敘述有關？（應選二項）

(A) 人體的免疫系統每年會更新一次
(B) 流感病毒的遺傳物質為單股DNA
(C) 流感病毒的遺傳物質容易發生突變
(D) 流感病毒感染宿主後，會有一年的潛伏期
(E) 流感病毒表面蛋白的抗原特性容易發生改變

56. 有關 H5N1 亞型禽流感病毒的敘述，下列哪幾項正確？
（應選二項）
(A) 宿主細胞向來都是以人類細胞為主
(B) 其核蛋白的抗原特性與 A 型流感病毒的最相似
(C) 會造成人的流感疾病，但不會造成雞的流感疾病
(D) 其血凝素亞型與人流感常見病毒株的血凝素亞型完全不同
(E) 其神經氨酸酶亞型與人流感常見病毒株的神經氨酸酶亞型完全不同

57-60為題組

科學家們發現在現今的氣候狀況下，海溫高於 26°C 是颱風形成的必要條件之一。基本上，海面的水汽蒸發量與海溫相關，而飽和水汽壓也和溫度相關，圖 22 粗黑曲線顯示飽和水汽壓和溫度之間的關係。海溫上升，颱風頻率會不會增加？颱風強度會不會增強？這些議題仍在熱烈爭辯中。試依資料回答 57-60 題。

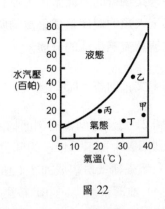

圖 22

57. 試問在海溫由 25°C 上升至 30°C 的狀況下，飽和水汽壓會如何變化？
(A) 減少約 5 百帕　　　　(B) 增加約 5 百帕
(C) 增加約 10 百帕　　　　(D) 不變

58. 一般而言，強烈颱風伴隨劇烈的風雨，試問圖 22 中的甲、乙、丙、丁四點，何者最能代表颱風雲雨區，近地面大氣的氣溫和飽和水汽壓狀況？
(A) 甲　　　　(B) 乙　　　　(C) 丙　　　　(D) 丁

59. 表 8 中哪些現象或人類的活動可能會造成全球海溫的增加？

表8

I	沙塵暴造成大氣中的懸浮微粒增加
II	人類大量使用煤、石油等化石燃料
III	火山噴發，大量火山灰進入大氣
IV	人類為取得更多可使用的土地，大量砍伐雨林

(A) I　　　(B) I、III　　　(C) II、IV　　　(D) I、II、III、IV

60. 如果西元 2100 年時全球熱帶海溫較現在增高 2°C，地表大氣溫度亦增高 2°C，而對流層頂的溫度及高度均不變。相較於現在的狀況，下列哪一項為西元 2100 年，熱帶地區之對流層大氣穩定度的變化情形？（穩定度是指一上升氣塊，若其氣溫較同高度周圍大氣溫度為冷，因密度較大，上升運動會受到抑制，此種情形稱為穩定；反之，稱為不穩定）

(A) 增高　　　　　　　　(B) 不變

(C) 下降　　　　　　　　(D) 資料不足，無法判斷

61-68為題組

　　在正常體溫之下，如果腦部的血流停止，則腦細胞會在幾分鐘之內缺氧而死。若是將體溫降低約 20°C，腦細胞的耗氧量也隨之降低，如此可容許血流暫停時間延長，以利腦部手術進行。準備手術之前，病患的心肺功能開始由心肺機取代，示意如圖 23。心肺機包含三大部分：「氧合器」作為人工肺，對血液供氧；「抽送幫浦」代表心臟，推動血液循環；「熱交換器」則提供熱量交換，經由血液循環調節體溫。體重約 60 公斤重的病患，其體溫監測紀錄如圖 24 所示。試根據上文，回答 61-68 題。

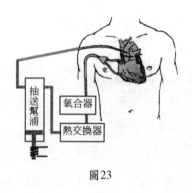

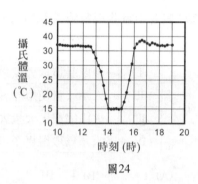

圖23　　　　　　　　　　　圖24

61. 流經腦部的血液中，除了含氧之外，還可能含有表 9 中的幾種成分？

表9

澱粉	抗體	尿素	肝醣	激素
維生素	胺基酸	葡萄糖	礦物質	二氧化碳

(A) 6種　　　(B) 7種　　　(C) 8種　　　(D) 9種　　　(E) 10種

62. 如圖 25 所示，工程師考慮將線圈纏繞在活塞下端，利用與固定磁鐵之間的相對運動，帶動「抽送幫浦」中的活塞，抽送血液。圖中左活門只能向外自由開啟，反向則封閉管路；右活門只能向內自由開啟，反向則封閉管路。下列有關此設計構想的敘述哪一項正確？

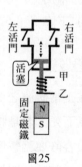

圖25

(A) 血液由左活門吸入，右活門推出

(B) 當甲電極為正，乙電極為負時，活塞向上運動

(C) 當甲電極為正，乙電極為負時，幫浦將血液吸入

(D) 當甲電極為負，乙電極為正時，幫浦內壓力降低

63. 此病患的腦部手術最適宜在哪個時段進行？
(A) 10 時至 12 時　　　(B) 13 時 30 分至 14 時
(C) 14 時至 15 時　　　(D) 15 時至 16 時

64. 許多現代科技產品常使用矽作爲材料，如人工肺氧合器的矽膠薄膜，而矽又是地殼中次多的元素，所以地殼中常見的造岩礦物大都是矽酸鹽類礦物，下列哪一種不屬於矽酸鹽類礦物？
(A) 石英　　(B) 長石　　(C) 雲母　　(D) 橄欖石　　(E) 方解石

65. 人類大動脈的截面積約是 $5.0×10^{-4}$ 平方公尺。若心臟推送血液的平均壓力約 12000 帕，平均流速約 0.20 公尺/秒，則心臟推動血液流動的平均功率約是多少瓦特？
(A) 0.20　　(B) 1.2　　(C) 6.0　　(D) 2400

66. 調節病患體溫的過程中，熱量在血液循環系統之內傳播，主要是利用下列哪一種方式？
(A) 輻射　　(B) 傳導　　(C) 對流　　(D) 散射

67. 人體內每一莫耳葡萄糖（ $C_6H_{12}O_6$ ；分子量 = 180）經代謝後，可以產生熱量 670 千卡。某人手術後僅能依靠注射 5%（重量百分濃度）葡萄糖水溶液補充能量。假使維持身體的能量每小時是 100 千卡，則至少需要每小時注射葡萄糖水溶液多少公克？
(A) 33.8　　(B) 67.5　　(C) 135　　(D) 270　　(E) 540

68. 人體組織的比熱約與水相當。圖 24 之中 15 時至 16 時升溫階段，假設所需熱量完全由心肺機的熱交換器所提供，則熱交換器於該時段約耗電多少度？
(A) 1400　　(B) 7 0　　(C) 1.4　　(D) 0.33　　(E) 0.07

95年度學科能力測驗自然科試題詳解

第壹部分

一、單選題

1. **B**

【解析】 制酸劑 ⇨ 必為弱鹼

依溶解度 ┌ 速效型 (易溶)：常用 $NaHCO_3$
分為　　 └ 持續型 (難溶)：常用 $Mg(OH)_2$ 或 $Al(OH)_3$

(A) 兩性物質包括 Cr、Zn、Sn、Al、Ga、Pb、Be 之
元素、氧化物、氫氧化物。

(B) 見沉澱規則。

(C) $Mg(OH)_2$ 為離子化合物。

(D) 1 莫耳 $Mg(OH)_2$ 可中和 2 莫耳 HCl。

(A) Mg^{2+} 無法再被氧化，也不易被還原，一般如欲
$Mg^{2+} + 2e^- \rightarrow Mg$ 均採用電解法使其還原。

2. **B**

【解析】 (A) 由 α —— 葡萄糖聚合而成。

(B) 肥皂為脂肪酸之鈉鹽，($C_{17}H_{35}COO^-Na^+$) 為離子化
合物，並非聚合物。

(C) 塑膠為由各種有機小分子 (通常為烯類及其衍生物)
進行加成聚合而成。

(D) 由 β —— 葡萄糖聚合而成。

(E) 由 α —— 胺基酸進行縮合聚合而成。

3. **C**

【解析】 石灰岩的主要成分爲碳酸鈣 $(CaCO_3)$ 能與酸雨中的 H^+
產生化學反應，使酸雨中的 H^+ 不至於溶於湖水中，
使其 pH 受到太大的影響，其反應如下：

$$CaCO_3 + 2H^+ \rightarrow Ca^{2+} + H_2O + CO_2\uparrow$$

4. **E 或 C**

【解析】 乾電池之詳細機轉如下：

$$Zn \rightarrow Zn^{2+} + 2e^-$$
$$2NH_4Cl + 2e^- \rightarrow 2NH_3 + H_2 + 2Cl^-$$
$$Zn^{2+} + 2NH_3 + 2Cl^- \rightarrow Zn(NH_3)_2Cl_2$$
$$+)\ \ 2MnO_2 + H_2 \rightarrow Mn_2O_3 + H_2O$$

$$\overline{Zn + 2NH_4Cl + MnO_2 \rightarrow Zn(NH_3)_2Cl_2 + Mn_2O_3 + H_2O}$$

綜觀整個過程，是 NH_4Cl 先得到 Zn 放出之電子，生
成 H_2
然後 H_2 再將電子轉給 MnO_2，使其變成 Mn_2O_3，故答
案選 (C) NH_4Cl 或 (E) MnO_2 皆可。

5. **E**

【解析】 (甲) 僅將硬水中的 Ca^{2+} 或 Mg^{2+} 換成 Na^+，交換後仍爲
電解質水溶液。

(乙)、(丙)、(丁) 處理過後分別得到去離子水或純水。

6-7 爲題組

6. **D**

【解析】 $Pb(NO_3)_2 + 2NaCl \rightarrow PbCl_{2(s)}\downarrow + 2NaNO_3$

7. **B**

【解析】 Ag^+、Pb^{2+} $\Big\}$ $\xrightarrow{SO_4^{2-}}$ $\begin{array}{l}\text{PbSO}_4\downarrow \\ Ag^+、Ni^{2+}\end{array}$ $\xrightarrow{Cl^-}$ $\begin{array}{l}\text{AgCl}\downarrow \\ Ni^{2+} \xrightarrow{S^{2-}} \text{NiS}\downarrow\end{array}$

Ni^{2+}

8-9 為題組

8. **A**

【解析】 離子化合物之熔點較高，且水溶液導電度佳 ⇨ 選 (甲)。

9. **E**

【解析】 分子化合物之熔、沸點較低（因僅須克服分子間作用力）而其酸、鹼之分子化合物水溶液可導電 ⇨ 選戊。

10. **C**

【解析】 因若平時在飼料添加抗生素，會篩選出具抗藥性基因的病原體。

11-12 為題組

11. **B**

【解析】 本題完全考氮循環的過程，其解答如下：
氨化細菌分解有機物產生氨→氨溶於水形成銨根離子→亞硝酸菌產生亞硝酸根離子→硝酸菌產生硝酸根離子→水草（生產者）吸收 NH_4^+ 和 NO_3^-→魚（消費者）吃水草及水棲小生物。

12. **E**

13. **A**

　　【解析】　同一物種不同個體，表現出不同的性狀→變異。

14-15 為題組

14. **D**

　　【解析】　能量塔必遵守 10％定律，且必為正金字塔型，故 (A)(B)
　　　　　　　(C) 不選。而藻類因個體小，故個體數理論上要多於魚
　　　　　　　類才能足夠魚類利用，故 (E) 不選。故本題選 (D)。

15. **E**

　　【解析】　(A) 海洋污染會使魚類數量減少。
　　　　　　　(B) 藻類繁殖快速，可供應魚類所需。
　　　　　　　(C) 魚類為消費者，不能直接固定光能。
　　　　　　　(D) 污染物的生物放大效應會使魚類數量減少。

16-17 為題組

16. **C**

　　【解析】　每隻雌蝶的平均產卵量 $E = 100$，
　　　　　　　且定雄蝶個體數 $m = X$，則雌蝶個體數 $f = X$
　　　　　　　故族群中個體增加量
　　　　　　　$Nb = E \times f/(m+f) = 100 \times X / (X+X) = 50$

17. **D**

　　【解析】　本題設定 $Rb > 1000000$
　　　　　　　故 $1000000 < [400 \times 1/(1+1)]^n$　　∴ $n > 5$

18. **E**

【解析】 (A) 在赤道地區，該科生物的種數較多。

(B) 北緯 60～70 度之間，仍有該科生物分佈。

(C) 南緯 50 度以南，已無該科生物分佈。

(D) 該科生物在美洲有 439 種，在歐洲和非洲有 284 種，在亞洲有 546 種，在澳洲有 62 種，因此在亞洲有最多該科生物的種數。

19-22 為題組

19. **A**

【解析】 岩漿冷卻凝固形成的岩石為火成岩。

20. **E**

【解析】 題中的鏈狀火山島嶼及夏威夷群島均屬於太平洋板塊，而後者又為地殼中海洋地殼的一部分，地殼的厚度約為 5km～60km，遠比地函的厚度（將近 2900km）小許多，故此處地函的實際體積最大。

21. **D**

【解析】 夏威夷為太平洋中洋脊的所在，兩側分別為太平洋板塊的洋底盆地及大陸邊緣，故不在板塊交界處。

22. **C**

【解析】 以主島 (1) 為中心，愈向兩側的岩石年齡愈老，故 (4) 最老，(3) 次之，(2) 再次之。

23-24 爲題組

23. **A**

【解析】 中秋節爲農曆 8 月 15 日，爲滿月，整個月亮的向光面
對著地球，故應在甲位置上。

24. **A**

【解析】 月偏食爲部分月亮進入地球的本影部分，故此時日—
地—月必在同一直線上，因此，月球必在甲處。

25. **C**

【解析】 (A) 空氣中的水蒸氣在高空凝結即爲雲，它會吸收地
面的長波輻射，也會反射太陽光，故地面上無法
由光譜儀分析出雲種的分布。

(B) 溫鹽深儀是偵測海洋中不同深度的地方，海水的
溫度、鹽度等性質的變化，與降水的多寡無關。

(C) 將各種氣象觀測儀吊掛在探空氣球下方，測得各
種不同高度的氣象資料後，用無線電發報機傳送
至地面稱爲雷文送，故它可提供高層的大氣資料。

(D) 百葉箱中的氣象觀測儀，觀測的是地面的氣象
資料。

26. **B**

【解析】 由圖 9 可知降雨量的高峰期分別在 6 月及 8 月，此兩
個月分，其中 6 月爲梅雨期，8 月爲颱風雨期。

27. **B**

【解析】 (A) 臭氧的濃度在距地面 20～25km 處最高。

(B) 爲大氣成分中，唯一能吸收紫外線的物質。

(C) 其含量隨季節、緯度、高度而有變化，爲變動成分。

(D) 人類使用的氟氯碳化物會造成臭氧的破壞，使臭氧層變得較稀薄，甚至形成破洞。

28. **D**

【解析】 若 A、B 兩物間彼此有作用力，則 A 對 B 的力與 B 對 A 的力互爲作用力與反作用力。

互爲反作用力的兩力，爲施力者與受力者互換的兩力。

$G_{甲}$爲甲對地球的萬有引力，$W_{甲}$爲地球對甲的萬有引力，故 $G_{甲}$與 $W_{甲}$互爲反作用力

29. **C**

【解析】 跳躍如同鉛直上拋，初速 v_0 與上升高度 H

由運動學可知：$0^2 = v_0^2 - 2gH \Rightarrow v_0 = \sqrt{2gH} \propto \sqrt{H}$

$$\Rightarrow \frac{v_{袋鼠}}{v_{跳蚤}} = \frac{\sqrt{2.5}}{\sqrt{0.1}} = 5$$

30. **D**

【解析】 (A) 飛機作等速率圓周運動，速度大小不變，但速度方向隨時改變。

(B) 重力與各瞬時位移均垂直，故重力不作功。

(C) 飛機的加速度爲向心加速度，指向圓心。

(D) 合力指向圓心作爲向心力而作圓周。

31. **B**

【解析】 (A) 響度指聲音的強度，波的振幅愈大響度愈大。丙
　　　　　的振幅小於丁的振幅，故丙的響度小於丁的響度。
　　　　(B) 音調指聲音的頻率，頻率＝1/週期；甲的週期比乙
　　　　　的週期小，故甲的頻率高於乙的頻率。
　　　　(C) 音色指聲音的波形，甲、丁的波形不同，音色亦
　　　　　不同。
　　　　(D) 波速與介質有關，在同一空氣中傳遞，故傳播速
　　　　　率相同。

32. **B**

【解析】 聲音強度(分貝)$= 10 \cdot \log\left(\dfrac{I}{I_0}\right)$

$I_0 = 10^{-12}(w/m^2)$ 為僅可聽聞的聲強

(A) 分貝為聲強的單位。

(B) $0(db)$時，$I = I_0$，仍有聲強，空氣分子仍有振幅。

(C) 有傷害。

(D) $\left.\begin{array}{l} 40 = 10 \cdot \log\left(\dfrac{I_{40}}{I_0}\right) \\[2mm] 20 = 10 \cdot \log\left(\dfrac{I_{20}}{I_0}\right) \end{array}\right\} \Rightarrow \dfrac{I_{40}}{I_{20}} = \dfrac{10^4}{10^2} = 100(倍)$

33. **D**

【解析】 綠色地毯會吸收綠光以外波長的光，僅反射綠光。
　　　　黃、青、白均有綠光的成份，可見地毯為綠色。
　　　　洋紅的成份均被地毯吸收，故為黑色。

34. **D**

【解析】 (A) 光線不足，人的瞳孔會放大以適應環境。

(B) (C) 此為勉強解釋。

(D) 光在水中的傳播速率接近在眼睛中的傳播速率，故水與眼睛的折射率接近。光在進入眼睛，若眼睛在空氣中，光經折射恰可會聚在視網膜而看清物體。若眼睛在水中，光折射後會聚慢（會聚在視網膜後方），故看不清物體。

35. **D**

【解析】 庫侖定律：$F = \dfrac{kq_1q_2}{r^2}$ （同性電相斥，異性電相吸）

由力的方向及大小可知，

+Q 不會平衡在 Ⅰ、Ⅱ 區

+Q 的平衡於Ⅲ區：

$$\frac{k \cdot 4Q \cdot Q}{(4a+x)^2} = \frac{k \cdot Q \cdot Q}{x^2} \Rightarrow \frac{4}{1} = \left(\frac{4a+x}{x}\right)^2 \Rightarrow x = 4a$$

故 +Q 在 $9a + x = 13a$

36. **A**

【解析】 每分鐘消耗的能量 P

消耗的能量 $E = P \cdot \Delta t = P \cdot \dfrac{L}{v}$

(L 為回家的距離，v 為回家的速率)

$v = 2$，$P(2) \fallingdotseq 3.5 (KJ/min)$；$v = 1$，$P(1) \fallingdotseq 1.25 (KJ/min)$

$\therefore \dfrac{E(2)}{E(1)} = \dfrac{P(2)/2}{P(1)/1} = \dfrac{3.5}{1.25 \times 2} = \dfrac{7}{5} = 1.4$

二、多選題

37. CDE

【解析】　　　　$2NH_3 + CO_2 \rightarrow (NH_2)_2CO + H_2O$　　⇨ (A)

初　　　2　　1.5

反　　−2　　−1　　　　　　+1　　　　+1

末　　　0　　0.5 mol　　　1 mol　　1 mol

　　　　⇩　　＝22 克　　＝60 克　　＝18 克　　⇨ (E)

　　　(B)　　⇩　　　　　⇩

　　　　　　(C)　　　　(D)

38. DE

【解析】　(A) (B) (C) 92、95、98 僅代表此油品之辛烷值(O.N.值)，並無法得知其成分爲何。

　　　　(D) (E) 辛烷值是定 "異辛烷" 爲 100，"正庚烷" 爲 0，其值可高於 100，亦可低於 0，且值愈高表抗爆震情形愈好。

39. AE

【解析】　(A) 使用 NH_4Cl，$ZnCl_2$ 爲電解液

　　　　(B) KOH 等強鹼水溶液　　(C) KOH、NaOH

　　　　(D) KOH　　　　　　　　(E) 使用稀 H_2SO_4 爲電解液

40. ADF

【解析】甲－高溫少雨，故爲沙漠

　　　　乙－雨量適宜，應爲草原

　　　　丙－低溫少雨，故爲寒原

　　　　丁－高溫多雨，故爲熱帶雨林

　　　　戊－溫度適宜，雨量多，故爲闊葉林

　　　　己－低溫，雨量多，應爲針葉林

41. **BDE**

【解析】 保存野生種雜草，就是在保護雜草的遺傳歧異度，而
保護遺傳歧異度，可以增加生物歧異度，增加生態系
的穩定外，也可以保護人類未來可利用的基因，故本
題選 (B)(D)(E)。

42. **AD**

【解析】 (B) 廣闢山坡地爲茶園，將破壞自然植被，使生物資
源減少。

(C) 河川中的攔砂壩會威脅魚類的洄游與生存，使生
物資源減少。

(E) 漁塭養殖大量使用地下水，使水資源減少。

<u>43-44 爲題組</u>

43. **DE**

【解析】 丙處氣壓最高，故此觀測站均爲高壓籠罩（丙處爲高
壓中心），而 (A)(B)(C) 均爲低壓中心，故選 (D)(E)。

44. **AB**

【解析】 (A) 高壓中心爲下降氣流。

(B) 丁處等壓線較甲處密集，氣壓梯度力較大，風速
較甲處強。

(C) (D) 北半球背風而立時，右手爲高壓，甲、乙二地
均吹北風。

(E) 高壓中心天氣晴朗乾燥。

45. **AD**

【解析】甲爲混合層，海水溫度的垂直變化不大，故 (D) 正確。

乙爲斜溫層，海水溫度的垂直變化最大，其遞減率隨緯度與季節而有明顯的變化，故 (B)(E) 錯誤。

丙爲深層海水，水溫隨深度逐漸緩慢降至 2°C 左右，也是海水溫度最低的地方，故 (A) 正確，(C) 錯誤。

46. **BCD**

【解析】警車與匪車起初相距 250(m)，$v-t$ 如右：

$$t_0 = \frac{40-0}{4} = 10(s)$$

斜線部分 $d=$ 警車與匪車接近的距離

(A) 警車 $40 \times 10 = 400(m)$，匪車 $\frac{40 \times 20}{2} + 250 = 450(m)$

故警車追不上匪車

(B) $450 - 400 = 50(m)$

(C) $\frac{1}{2} \times 10 \times 40 = 200(m)$

(D) $0 + 4 \times 10 = 40(m/s)$

(E) 速度爲定值，動能不變

47. **BDE**

【解析】(A) 環形鐵心爲軟鐵心。

(B) 變壓器爲電磁感應的應用。

(C) 變壓器能變壓的原因，與電流熱效應無關。

(D) 磁通量變化 $\frac{\Delta\phi}{\Delta t}$，假設線圈數 N，$v = N \cdot \frac{\Delta\phi}{\Delta t}$

48. **DE**

【解析】 (A) $P = IV = \dfrac{Q}{t}V = \dfrac{20}{0.02} \times 10^7 = 10^{10}(W)$

(B) 雲底部與地面間之高電壓來自靜電感應，不是摩擦起電。

(C) 有可能遭電擊，故須裝置避雷針來放電。

(D) 溫度升高，氣柱爆發性膨脹，所以產生聲波。

(E) 閃電電流經屋外電線流經屋內，會損壞屋內電器。

第貳部分

49-50 為題組

49. **B**

【解析】 由圖可知：X、Y、Z 之反應量約為
0.2：0.4：0.2＝1：2：1，
故選 (B) X＋2Y→Z

50. **A**

【解析】 催化劑僅為改變達平衡之時間，並無法改變產率或平衡之位置，故選 (A)。

51-52 為題組

51. **AD**

【解析】 由 $PV = nRT$ 公式可知，P 和 V 成反比，P 和 $\dfrac{1}{V}$ 成正比。

52. **D**

【解析】 丁圖為線性圖形，較好預測。

53. **C**

【解析】 該對夫婦的子女中有顯性及隱性，故可推測此對夫婦的基因型組合應為 Tt × Tt。

54-56 為題組

54. **BC**

【解析】 根據本文所述，「流感病毒內部有 7～8 條分別由遺傳物質與核蛋白纏繞形成的螺旋構造」，故本題應選 (B) (C)。

55. **CE**

【解析】 根據本文所述，「流感病毒的遺傳物質為單股 RNA，複製時的突變率高，易導致所生成的血凝素與神經氨酸酶發生抗原特性的改變，這也是為何流感病毒的疫苗需要每年重新接種的主要原因。」故本題選 (C)(E)。

56. **BD**

【解析】 (A) (C) H5N1 亞型禽流感病毒原先是不會感染人類的流感病毒，主要是造成雞的流感疾病。

(E) 會造成人類流行性感冒 (人流感) 的病毒株，主要具有 H1、H2、H3 三種之一的血凝素亞型，與 N1、N2 二種之一的神經氨酸酶亞型。

57-60 爲題組

57. C

【解析】 由圖 22 可知，氣溫 25°C 時的飽和水汽壓約爲 30 百帕，
30°C 時則約爲 40 百帕，故此時飽和水汽壓增加約 10
百帕。

58. B 或 C

【解析】 乙、丙的水氣壓均甚接近飽和水汽壓，表示其相對溫
度甚大，在高空，當溫度下降時，空氣中的水汽極易
凝結形成雲雨。

59. C

【解析】 大氣中懸浮微粒的增加，會反射太陽輻射至地球的能
量，會使得氣溫及海溫的降低，故 I，II 錯誤；而人
類使用煤、石油等化石燃料，此外雨林面積大量的減
少，均會使大氣中二氧化碳的含量增加，而 CO_2 爲溫
室效應氣體，能吸收地表的長波輻射，使氣溫及海溫
升高。

60. C

【解析】 海溫及氣溫較現在增高 2°C，但對流層頂的溫度及高
度均不變，表示氣溫遞減率會較今日爲高，氣塊上升
時其氣溫較易比同高度周圍大氣溫度高（因周圍大氣
溫度降低較快），故穩定度會下降。

61-68 為題組

61. **C**

【解析】　① 動物體內不具有澱粉。

② 動物體內的肝糖主要儲存於肝臟和肌肉中，血液中沒有。

故由①②可知，血液中含有：抗體、尿素、激素、維生素、胺基酸、葡萄糖、礦物質、二氧化碳等共 8 種物質。

62. **C**

【解析】　(A) 當活塞往下，右活門可打開吸入血液，左活門將關閉。反之，當活塞往上，右活門將關閉，左活門可打開壓出血液。

(B) 由安培右手定則可知，電磁鐵下端為 S 極，會被固定磁鐵向下吸，活塞向下運動。

(C) 承 (B)，活塞向下可能將血液吸入。

(D) 由安培右手定則可知，電磁鐵下端為 N 極，會被固定磁鐵向上斥，活塞向上運動，幫浦內壓力增加。

63. **C**

【解析】　根據本文所述，「將體溫降低 20℃，腦細胞的耗氧量也隨之降低，如此可容許血流暫停時間延長，以利腦部手術進行。」故由圖中所知 14～15 時，體溫僅有 15℃，可進行腦部手術。

64. **E**

65. **B**

【解析】 平均功率$= F \cdot V = P \cdot A \cdot V = 1200 \times (5 \times 10^{-4}) \times 0.2$
$$= 1.2(W)$$

66. **C**

【解析】 對流相對其他傳播方式為重要。

67. **E**

【解析】 設每小時須注射 x 克

$$\Rightarrow \frac{x \cdot \dfrac{5}{100}}{180} \times 670 = 100$$

$$\therefore x = 537$$

68. **C**

【解析】 由圖可知 15 時～16 時溫度上升 20

交換的熱 $Q = ms\Delta T = 60000 \times 1 \times 20 (cal)$
$$= 60000 \times 1 \times 20 \times 4.2(J)$$

1 度電相當能量$= 1000 \times 3600 = 3.6 \times 10^6 (J)$

$$\therefore Q = \frac{60000 \times 1 \times 20 \times 4.2}{3.6 \times 10^5} = 1.4 \ (度)$$

九十五年大學入學學科能力測驗試題
國文考科

第一部分：選擇題（佔 54 分）

壹、單選題（佔 30 分）

說明：第 1 題至第 15 題，每題選出一個最適當的選項，標示在答案卡之「選擇題答案區」。每題答對得 2 分，答錯不倒扣。

1. 下列文句中，有關「生」與「身」二字的使用，完全正確的選項是：
   (A) 小林的父母在那場空難中幸運身還，遭遇了終生難忘的經歷
   (B) 在二次大戰中，不少猶太人為了人身安全，不得不隱瞞自己的生世
   (C) 雖然出身不佳，他仍努力向上，終於獲得許多人畢生難求的工作機會
   (D) 老李誤信算命而自怨身不逢時，久久抑鬱難平，竟因此輕生，令人惋惜

2. 漢字的部首具有表意的功能，例如「示」部的字多與神靈概念有關，下列針對「示」部字意義的敘述，錯誤的選項是：
   (A) 祖、祇、神、社等字與神祇之意有關
   (B) 祝、祈、禱、祠等字與祭祀之意有關
   (C) 福、祥、禎、祿等字與福祉之意有關
   (D) 禍、祟、祅、禁等字與災禍之意有關

3. 下列各組文句中，「」內連用數字的表達意義方式，前後<u>不同</u>的選項是：

(A) 「什一」，去關市之徵，今茲未能／持戟百萬，秦得「百二」焉

(B) 只嫌「六七」茅竹舍，也有兩三雞犬聲／四鄰何所有，「一二」老寡妻

(C) 鬢毛「八九」已成霜，此際逢春只自傷／溪回山石間，蒼松立「四五」

(D) 美人「二八」顏如花，泣向花前畏花落／非復「三五」少年日，把酒償春頰生紅

4. 下列各組文句中，「」內的語詞意義相同的選項是：

(A) 「小人」有母，皆嘗小人之食矣，未嘗君之羹／「小人」姓張名青，原是此間光明寺種菜園子

(B) 姊妹弟兄皆列土，「可憐」光彩生門戶／與其說我的話打動了他，倒不如說是我那副「可憐」相令人同情吧

(C) 君子無終食之間違仁，「造次」必於是，顛沛必於是／寶玉自知這話說的「造次」了，後悔不來，登時臉上紅脹起來，低著頭不敢則一聲

(D) 桓公與莊公既盟於壇上，曹沫執匕首劫齊桓公，桓公「左右」莫敢動／妖王笑道：那包袱也無甚麼值錢之物，「左右」是和尚的破褊衫、舊帽子，背進來拆洗做補襯

5. 「阿堵」是六朝以來習見的稱代詞，猶如現代所說的「這個」。《世說新語》記載雅尚玄遠的王衍不屑講「錢」字，而稱之「阿堵物」，因此後世文人多以「阿堵物」稱代錢。下列文句中，「阿堵」所稱代的對象不是「錢」的選項是：

(A) 世情看冷暖，人面逐高低。任是親兒女，還隨「阿堵」移

(B) 蒓絲老盡歸不得，但坐長饑須俸錢。此身不堪「阿堵」役，寧待秋風始投檄

(C) 秀才竊喜，自謂暴富，頃之，入室取用，則滿室「阿堵」物皆為烏有，惟母錢十餘枚寥寥尚在

(D) 顧長康畫人，或數年不點目精。人問其故？顧曰：四體妍蚩，本無關於妙處；傳神寫照，正在「阿堵」中

6. 下列文句「」中的語詞，屬於偏義複詞的選項是：

(A) 痛「母子」之永隔，哀伉儷之生離

(B) 昭陽殿裏「恩愛」絕，蓬萊宮中日月長

(C) 凡周「存亡」，不三稔矣！君若欲避其難，其速規所矣，時至而求用，恐無及也

(D) 故為人君者，正心以正朝廷……正萬民以正四方。四方正，「遠近」莫敢不壹於正

7. 子曰：「吾與回言終日，不違如愚。退而省其私，亦足以發。回也，不愚。」下列有關《論語》這一章的詮釋，敘述正確的選項是：

(A) 文中「發」字，意指顏回發憤向學，樂以忘憂

(B) 「省其私」，乃指顏回時時反省自己有無過失偏私之處

(C) 從孔子曾說「剛毅木訥，近仁」，可知孔子欣賞顏回「不違如愚」的表現

(D) 由「回也，不愚」看出，孔子認為顏回不像表面上的唯唯諾諾，而是既能知，且能行

8. 下列《論語》文句，解釋正確的選項是：

(A) 「子食於有喪者之側，未嘗飽也」，反映孔子哀人之哀、傷人之傷的懷抱

(B) 「古之學者為己，今之學者為人」，意謂古之學者心存一己，今之學者心存社稷

(C) 子貢問「君子亦有惡乎？」孔子答以「有惡。惡稱人之惡者」，可知孔子討厭那些稱惡爲善、是非不分的人

(D) 「君子篤於親，則民興於仁。故舊不遺，則民不偷」，後兩句意謂人民珍惜故舊之物，則可免於因匱乏而淪爲盜賊

9. （甲） 萬古丹心盟日月，千年義氣表春秋
　　（乙） 未劈曹顱千古恨，曾醫關臂一軍驚
　　（丙） 天意欲興劉，到此英雄難用武
　　人心猶慕項，至今父老尚稱王
　　（丁） 由仁居義，傳堯舜、禹湯、文武、周孔之道
　　　　　　知言養氣，充惻隱、羞惡、恭敬、是非之心
上引對聯各詠一歷史人物，若依序排列，正確的選項是：
(A) 關羽／扁鵲／項羽／孔子
(B) 關羽／華陀／項羽／孟子
(C) 文天祥／華陀／劉邦／孔子
(D) 文天祥／扁鵲／劉邦／孟子

10. 下引文字，依文意排列，順序最恰當的選項是：
「若迤升於高以望江山之遠近，
　　（甲） 吾亦不能言也
　　（乙） 凡工之所不能畫者
　　（丙） 嬉於水而逐魚鳥之浮沉
　　（丁） 其物象意趣，登臨之樂，覽者各自得焉
其爲我書其大概焉。」（歐陽脩〈眞州東園記〉）
(A) 甲丁乙丙　　　　　　　(B) 乙甲丁丙
(C) 丙丁乙甲　　　　　　　(D) 丁甲乙丙

11. 斟酌下列文句，□□中最適合填入的選項是：

（甲）上海的衖堂，條數鉅萬，縱、橫、斜、曲，如入迷魂陣，
每屆盛夏，溽暑□□，大半個都市籠在昏赤的炎霧中
（木心〈從前的上海人〉）

（乙）食堂裡面的燈光從上半截的玻璃透過來，映著棕紅色油漆
的邊框，和食堂裡的霧氣，□□成一片悶悶的光暈，是
那樣的縹緲又虛幻（羅蘭〈燈的隨想〉）

（丙）飢餓的滋味他還是第一次嚐到。心頭有一種沈悶的空虛，
不斷地□□著他，鈍刀鈍鋸磨著他。那種痛苦是介於牙
痛與傷心之間（張愛玲《秧歌》）

(A) 燻炙／　迷濛／　折騰　　　(B) 蒸騰／　氤氳／　咬囓

(C) 侵凌／　交織／　糾纏　　　(D) 襲人／　雜揉／　煎熬

12. 《知音——古典吉他入門》一書之命名，巧妙結合「音」之「知」
與「古典吉他入門」的關係，令人印象深刻。下列書籍命名手法
與此相似的選項是：

（甲）《露骨——X射線檔案》

（乙）《談天——宇宙若比鄰》

（丙）《阿里山——永遠的檜木霧林原鄉》

（丁）《狂風暴雨——颱風、颶風、龍捲風》

（戊）《拈花惹草——簡易實用的插花技巧》

(A) 甲丙丁　　　(B) 甲乙戊　　　(C) 乙丙丁　　　(D) 乙丁戊

13. 斟酌下引文字，□中最適合填入的選項是：

六經者非他，吾心之常道也。是故，□也者，志吾心之陰
陽消息者也；《書》也者，志吾心之紀綱政事者也；□也者，
志吾心之歌咏性情者也；□也者，志吾心之條理節文者也；□
也者，志吾心之欣喜和平者也；《春秋》也者，志吾心之誠偽邪

正者也。（王陽明〈尊經閣記〉）

(A) 易／詩／禮／樂　　　　　(B) 易／樂／禮／詩

(C) 詩／禮／易／樂　　　　　(D) 詩／樂／易／禮

14. 下列詩文中，作者面對「青山」時，有濃厚歲月之感的選項是：

（甲）滿眼青山未得過，鏡中無那鬢絲何

（乙）青山不減年年恨，白髮無端日日生

（丙）杳杳天低鶻沒處，青山一髮是中原

（丁）眼看青山休未得，鬢垂華髮摘空頻

（戊）我見青山多嫵媚，料青山、見我應如是

(A) 甲乙丁　　　(B) 甲丙戊　　　(C) 乙丙丁　　　(D) 乙丁戊

15. 關於下引文字，敘述正確的選項是：

　　三十年代的時候，魯迅曾與梁實秋展開多次筆戰。有一回，梁實秋說魯迅把一切主義都褒貶得一文不值。魯迅則反駁：「你究竟在說『褒』還是在說『貶』？褒就是褒，貶就是貶，什麼叫做褒貶得一文不值？」梁實秋無詞以對，只是解釋回應說，按北京人的用法，褒貶就是指貶。當年這場筆戰似乎魯迅了佔上風，然而陳之藩總無法信服魯迅之說，卻也說不出具體的理由。後來在香港，一位四川籍教授給他看一幅鄧小平的題字：「歷盡劫波兄弟在，相逢一笑泯恩仇」，落款有「錄魯迅詩」字樣，陳不禁為之大笑，原來他發現魯迅自己也有與梁實秋類似的用法，陳之藩因而評論魯迅：泯恩仇指的當然是泯「仇」，「恩」為什麼要泯它呢？（改寫自陳之藩《一星如月‧褒貶與恩仇》）

(A) 梁實秋心知魯迅的反駁是對的，所以無詞以對

(B) 陳之藩評論魯迅，可謂是「以其人之道，還治其人之身」

(C) 鄧小平題字，頗有希望魯、梁二人筆戰「一笑泯恩仇」之意

(D) 魯迅事後自覺強詞奪理，所以作詩有「兄弟在」、「泯恩仇」之語

貳、多選題（佔 24 分）

說明：第 16 題至第 23 題，每題的五個選項各自獨立，其中至少有一
　　　個選項是正確的，選出正確選項標示在答案卡之「選擇題答案
　　　區」。每題皆不倒扣，五個選項全部答對者得 3 分，只錯一個
　　　選項可得 1.5 分，錯兩個或兩個以上選項不給分。

16. 下文取自網路新聞，文中連接詞運用<u>不當</u>的選項是：

　　　　不論季後賽壓力龐大，王建民仍然「泰山崩於前而色不改」，
　　6 日對天使之戰投得虎虎生風，完全不見菜鳥球員的稚嫩生澀。
　　撇開七局下失投不談，王建民先發 6 又 2/3 局只有 1 分責失的強
　　勢演出，讓隔海加油的國內球迷與有榮焉。然後阿民沒能拿下季
　　後賽首勝，成為「亞洲第一人」，而且從賽後隊友、教練的反應，
　　可以確定的是，只要洋基能一路挺進世界大賽，阿民不愁沒有上
　　場機會。但是阿民的菜鳥球季還能創造多少「驚奇」？值得期待。

(A) 「不論」季後賽壓力龐大

(B) 「然後」阿民沒能拿下季後賽首勝

(C) 「而且」從賽後隊友、教練的反應

(D) 「只要」洋基能一路挺進世界大賽

(E) 「但是」阿民的菜鳥球季還能創造多少驚奇

17. 針對下列古文名篇內容，敘述正確的選項是：

(A) 蘇洵〈六國論〉藉論六國賂秦之弊，諷諭宋朝屈辱求和的
　　政策

(B) 蘇軾〈前赤壁賦〉藉變與不變之辯證，表現作者通達的人
　　生觀

(C) 韓愈〈師說〉藉贈文李蟠的機會，批判時人一味崇尚佛老
　　的風氣

(D) 柳宗元〈始得西山宴遊記〉藉「始得」二字，表現作者初次尋得心靈寄託的喜悅感受

(E) 顧炎武〈廉恥〉藉論「士大夫之無恥，是謂國恥」，寄寓作者對易代之際，士人變節的感慨

18. 近年知性之旅甚為流行，或依據作家生平經歷、作品內容規畫文學之旅；或依據歷史掌故、地理環境規畫古蹟之旅。下列藝文之旅的主題，與作品內容相關的配對選項是：

(A) 右軍書藝之旅 —— 曾鞏〈墨池記〉

(B) 遊園賞花之旅 —— 陶淵明〈桃花源記〉

(C) 農田酒鄉之旅 —— 歐陽脩〈醉翁亭記〉

(D) 民俗曲藝之旅 —— 劉鶚〈明湖居聽書〉

(E) 赤壁泛舟之旅 —— 蘇轍〈黃州快哉亭記〉

19. 漢代與唐代同為中國歷史上文治武功皆有可觀的時期，下列關於漢唐文學的說明，敘述正確的選項是：

(A) 漢代散文的代表是《史記》，唐代散文的代表是傳奇

(B) 〈古詩十九首〉出現於漢末，代表五言詩的正式成熟

(C) 漢代樂府詩富有寫實精神，唐代新樂府運動亦關注社會現實

(D) 近體詩完成於唐代，形式精整，表現古典詩的對稱美、聲律美

(E) 高適、岑參為唐代邊塞詩的代表作家，王維、孟浩然為自然詩的代表作家

20. 下列詩句表露詩人心中悠然自得之樂的選項是：

(A) 雲淡風輕近午天，傍花隨柳過前川。時人不識余心樂，將謂偷閒學少年

(B) 渺渺孤城白水環，舳艫人語夕霏間。林梢一抹青如畫，應是淮流轉處山

(C) 昔日齷齪不足誇，今朝放蕩思無涯。春風得意馬蹄疾，一日看盡長安花

(D) 中歲頗好道，晚家南山陲。興來每獨往，勝事空自知。行到水窮處，坐看雲起時。偶然值鄰叟，談笑無還期

(E) 劍外忽傳收薊北，初聞涕淚滿衣裳。卻看妻子愁何在，漫卷詩書喜欲狂。白日放歌須縱酒，青春作伴好還鄉。即從巴峽穿巫峽，便下襄陽向洛陽

21. 關於下引文字，敘述正確的選項是：

　　曾子之妻之市，其子隨之而泣，其母曰：「女還，顧反為女殺彘。」妻適市來，曾子欲捕彘殺之，妻止之曰：「特與嬰兒戲耳。」曾子曰：「嬰兒非與戲也！嬰兒非有知也，待父母而學者也，聽父母之教。今子欺之，是教子欺也。母欺子，子而不信其母，非所以成教也。」遂烹彘。（《韓非子・外儲說左上》）

(A) 「其母」指曾子之母

(B) 曾子認為：即便是對待孩童也要遵守諾言

(C) 從「女還，顧反為女殺彘」一句，可知嬰兒當為女嬰

(D) 「曾子之妻之市」，前後兩個「之」的詞性、意義皆相同

(E) 「今子欺之，是教子欺也」，前後兩個「子」字所稱對象不同

22. 關於下引文字，敘述正確的選項是：

　　　　至幕府，廣謂其麾下曰：「廣結髮與匈奴大小七十餘戰，今幸從大將軍出接單于兵，而大將軍又徙廣部行回遠，而又迷失道，豈非天哉！且廣年六十餘矣，終不能復對刀筆之吏。」遂引刀自剄。廣軍士大夫一軍皆哭。百姓聞之，知與不知，無老壯皆為垂涕。（《史記·李將軍列傳》）

(A) 「結髮與匈奴大小七十餘戰」，是李廣自嘆年事已高，卻仍須與匈奴多次作戰

(B) 「豈非天哉」，是李廣慨歎既奉命繞遠路，竟又迷路，一切命中注定，無可奈何

(C) 「不能復對刀筆之吏」，是李廣自謂難以再次面對掌管刑法律令的官吏，承受屈辱

(D) 「一軍皆哭」，意謂全軍上上下下皆痛哭，表現李廣在軍中深孚眾望，極受士卒愛戴

(E) 「知與不知」，是指有受教育與未受教育者；「無老壯」，是指不分老少，二句都表現李廣深得民心

23. 關於下列兩首王安石詩，敘述正確的選項是：

沈魄浮魂不可招，遺編一讀想風標。何妨舉世嫌迂闊，故有斯人慰寂寥。（〈詠孟子〉）

自古功名亦苦辛，行藏終欲付何人？當時黮闇猶承誤，末俗紛紜更亂真。

糟粕所傳非粹美，丹青難寫是精神。區區豈盡高賢意？獨守千秋紙上塵。（〈讀史〉）

(A) 「何妨舉世嫌迂闊」二句，顯示了王安石自比孟子，目空一切的自傲心理

(B) 「遺編一讀想風標」之情懷、語意與「風簷展書讀，古道照顏色」大抵近似

(C) 「行藏」一詞，意指進退出處，語出《論語・述而》：「用之則行，舍之則藏」

(D) 〈讀史〉一詩，表達了王安石對史書記載及其論斷功過是否真切、允當的質疑

(E) 二詩都流露出王安石的孤寂、無奈，也流露出自身理想、信念、行事、人格不被了解、缺少知音的感慨

第二部分：非選擇題（共三大題，佔 54 分）

說明：請依各題指示作答，答案務必寫在「答案卷」上，並標明題號一、二、三。

一、語文修正（佔 9 分）

　　語文的使用需要注意場合、對象的分別，不同的場合、不同的對象，都有它不同的語文表達方式。例如上台演講和平日死黨之間說話便大不相同，而寫作文章和口語敘述也絕不應該完全沒有差別。下面是一篇題為「運氣」的中學生作文，即使暫不考慮文字的優美與否，其中除了以下說明文字的範例之外，尚有九處應予修正──或使用了不當的俗語、口語、外來語，或犯了語法上的錯誤，或是受媒體、網路流行用語誤導，或以圖案代替文字，<u>請加以挑出，並依序標號（1、2、3……9）改正之。</u>

【說明】　例如文中「3Q 得 Orz」即為不當用法，3Q意指「thank you」，Orz 則藉三字母表示「跪拜在地」之狀。改正之方式如下：

　　3Q 得 Orz → 感謝得五體投地

　　今天我們班的運氣實在有夠衰，開朝會時被學務主任點名，說我們班秩序不良而且教室環境髒亂。我們班導師氣到不行，回到班上嚴辭訓斥大家一頓，問我們究竟安什麼心？林大同立刻舉

手發言説，我們一定會好好做反省的動作。衛生股長漲紅著臉幾乎快::>_<:: 了，他拜託大家每天確實打掃，他一定 3Q 得 Orz。王明問班上的星座達人到底我們班爲何如此時運不濟，接二連三被挨罵受罰。更慘的是，班上的蒸飯箱莫名其妙又壞了，害得全班只好吃冷便當。偶氣ㄅ要死，媽媽昨天爲我準備的便當，本來粉不錯吃滴，卻變成難以下嚥的冷飯。想不到今天這麼倒楣，昨天眞不該聽信風紀股長的話，到學校理髮部去理一顆一百塊的頭，今天還不是一樣諸事不順！

二、議論評述（佔 18 分）

請閱讀下列資料後，分別針對老師甲、家長、吳生的觀念、態度，各寫一段文字加以論述。

（甲）老師與家長的對話

老師甲：「吳茗士同學是我們班最優秀的學生，天資聰穎，不但有過目不忘的記憶力，數理推論與邏輯能力也出類拔萃，任何科目都得心應手。更可貴的是，他勤勉好學，心無旁鶩，像大隊接力、啦啦隊等都不參加。我想，他將來不是考上醫學系，就是法律系，一定可以爲校爭光！」

家長：「我們做家長的也是很開明的，只要他專心讀書、光耀門楣就好，從來不要他浪費時間做家事。老師認爲他適合什麼類組，我們一定配合，反正醫學系、電機系、法律系、財金系都很有前途，一切就都拜託老師了！」

（乙）A同學疑似偷竊事件

A生：「老師，我沒有偷東西！吳茗士當值日生也在場，可以爲我作證！」

吳生：「我不知道，我在算數學，沒有注意到。」

老師乙：「吳茗士，這關係到同學的清白，請再仔細想
　　　　　想，你們兩人同在教室，一定有印象的！」

吳生：「我已經說了我在算數學，哪會知道啊！而且，
　　　　這干我什麼事？」

（丙）生物社社長B與吳同學的對話

B生：「你不是不喜歡小動物嗎？為什麼要加入生物社
　　　　呢？」

吳生：「我將來如果要申請醫學系，高中時代必須有一些
　　　　實驗成果，而且社團經驗也納入計分，參加生物社
　　　　應該很有利。」

B生：「我們很歡迎你，但是社團成員要輪值照顧社辦的
　　　　小動物喔！」

吳生：「沒有搞錯嗎？我是參加生物社來做實驗的，又不
　　　　是參加寵物社！」

（丁）同學C的描述

「吳同學功課好好，好用功喔！不但下課時間不和我們打
屁聊天，而且對課業好專注，只讀課本和參考書呢！像我
愛看小說，他就笑我無聊又浪費生命。唉，人各有志嘛！
我想他將來一定會考上很好的大學吧！」

三、情境寫作（佔27分）

　　下面是一篇未完成的文章，請以「雨季的故事」為題，設想
情境，接續下列文字，鋪寫成一篇完整的散文，文長不限。

　　雨季來時，石頭上面長了些綠絨似的苔類。雨季一過，苔已
乾枯了，在一片未乾枯苔上正開著小小藍花白花，有細腳蜘蛛在
旁邊爬。河水從石罅間潄流，……

【注意】　寫作時，為求文章完整呈現，上列引文務請抄錄，否則
　　　　　扣分。

95年度學科能力測驗國文科試題詳解

第一部分：選擇題

壹、單選擇題

1. C

【解析】生，通常泛指有生命之物，或指出生

　　　　身，指身分地位或軀幹的部份，有時也可指自己

　　　　(A) 幸運「生」還

　　　　(B) 自己的「身」世

　　　　(D) 「生」不逢時

2. D

【解析】(D) 禍乃災害殃咎的總稱；祟，鬼神作禍；妖，胡神，

　　　　　或混同「妖」，指詭異怪誕之事；禁，「吉凶之忌」

　　　　　乃指趨吉避凶所當忌慮戒止之諸言行而言

3. C

【出處】(A) 《孟子》／《史記》卷八《高祖本紀》

　　　　(B) 楊萬里〈至節宿翁源縣與葉景小酌〉／杜甫〈無家別〉

　　　　(C) 陸游〈春日雜賦〉／蘇轍〈呂希道少卿松局圖〉

　　　　(D) 顧況〈悲歌〉／黃庭堅〈戲答王定國題門兩絕句〉

【解析】(A) 皆屬相除的關係

　　　　(B) 皆為約略之數

　　　　(C) 相除關係／約略之數

　　　　(D) 皆為相乘之數

4. **A**

【出處】(A) 《左傳‧隱公元年》／《水滸傳‧第二十六回》

　　　　(B) 白居易〈長恨歌〉／黃春明〈兒子的大玩偶〉

　　　　(C) 〈論語‧里仁第四〉／《紅樓夢》

　　　　(D) 《史記‧卷八六‧刺客列傳》／《西遊記‧第四十一回》

【解析】(A) 自稱的謙詞　　　　(B) 讓人羨慕／令人哀憫

　　　　(C) 倉卒、緊迫／魯(鹵)莽

　　　　(D) 指跟從的侍者／反正

5. **D**

【出處】(A) 《初刻拍案驚奇‧卷十五》

　　　　(B) 陸遊〈思歸隱〉　　(C) 《聊齋‧勞山道士》

　　　　(D) 《世說‧巧藝第二十一》

【解析】(D) 「這個」在此指眼神

6. **C**

【出處】(A) 禰衡〈鸚鵡賦〉　　(B) 白居易〈長恨歌〉

　　　　(C) 《國語‧鄭語》　　(D) 司馬光《資治通鑑‧卷十七》

【解析】(C) 存在或衰亡，此處取「亡」之意

7. **D**

【出處】《論語‧為政第七》

【解析】(A) 發：發明、闡發，能發揮、表現孔子所傳之道

　　　　(B) 省其私：省察檢討他私下的行為

　　　　(C) 孔子對顏回不違如愚，初始並未認同，及至觀察他

　　　　　　均能付諸踐履，才欣賞認同道：回也不愚

　　　　(D) 「言終日不違如愚」表面看似唯唯諾諾；「亦足以

　　　　　　發」乃顏淵知行合一的體現

*語譯：

　　我與顏回講學整天，他從來不回應，只是領受，像個愚笨的人一樣。等他離開後，我省察檢討他私下的行爲，結論是：顏回卻能把我所說的道理闡發出來。顏回，實在是不愚笨啊！

8. **A**

【出處】 (A)〈述而〉 (B)〈憲問〉 (C)〈陽貨〉 (D)〈泰伯〉

【解析】 (B) 古之學者「爲己」乃在於進德修業；今之學者「爲人」乃追求身外之名利

　　　　 (C) 子貢所問的是：君子也有討厭的人嗎？孔子的回答是君子也有厭惡的之人，厭惡背後說人家壞話的人

　　　　 (D) 後二句意謂在位者不要遺棄故交舊友，那麼人民就不會澆薄苛刻

9. **B**

【出處】 甲、關帝廟聯

　　　　 乙、江蘇楊州華陀廟聯

　　　　 丙、江蘇無錫項王廟

　　　　 丁、乾隆題山東鄒縣孟廟

10. **C**

【解析】 由首句之結構「升於高以望江山之遠近」與 (丙)「嬉於水而逐魚鳥之浮沉」排比；再從甲句的連詞「亦」不能言（表示並列句式，文意相承）判斷，前句只有乙句的「不能畫」，剛好接續相承，所以乙甲並排且 (丙) 在首句之後的情形下僅可選 (C)

11. **B**

【解析】甲、溽暑「蒸騰」較符合下句昏赤的「炎霧」的意象
　　　　乙、「氤氳」，煙雲瀰漫的樣子
　　　　丙、因為主詞是「飢餓」，用「咬囓」較具有鮮明的意象，且符合「那種痛苦是介於牙痛與傷心之間」

12. **B**

【解析】甲、因X射線可透視人體，所以稱露骨，且語帶雙關
　　　　乙、天即是宇宙，且談天語帶雙關
　　　　丙、檜木的原鄉阿里山，別無它意
　　　　丁、颱風、颶風、龍捲風帶來狂風暴雨，然無它意
　　　　戊、插花就是一種「拈花」、「惹草」的具體動作，語帶雙關

13. **A**

【解析】從「陰陽消息」可知是談論天地陰陽之道的易經；從「歌咏性情」可知是興觀群怨的詩經；從「條理節文」可知是注重節度儀則的禮經；從「欣喜和平」可知為調和陶冶人格的樂經

14. **A**

【解析】甲、杜牧〈書懷〉：從「無那」，無可如何，所以「鏡中無那鬢絲何」，乃感懷歲月的易逝、不待人
　　　　乙、陸遊〈塔子磯〉：寫經過塔子磯一地，想起屈原的往事，並感嘆統治者未能用賢撥亂反正，抒發因年事漸高、報國無門的悲哀

　　丙、　蘇軾〈澄邁驛通潮閣〉二首之二：青山一髮是
　　　　形容遠山微茫的樣子

　　丁、　王禹偁〈歲暮感懷〉：鬢垂華髮意指年紀老邁而
　　　　頭髮蒼白之象

　　戊、　辛棄疾〈賀新郎〉：將滿腔愛國的熱情轉而寄託
　　　　於山水花木之間，有種物我兩忘的興味

15. B

【解析】(A) 魯迅嘲諷梁實秋使用褒貶一類的偏義複詞失當，而
　　　　梁實秋一時不知如何以對？並非承認魯迅是對的

　　　　(B) 陳之藩也找到魯迅類似的用法而大笑，就是一種
　　　　「借此還彼」、「以彼之道，還施彼身」的手法

　　　　(C) 鄧小平題字，希望兩岸「兄弟在」「泯恩仇」

　　　　(D) 魯迅此詩〈題三義塔〉乃贈日本生物學家西村眞
　　　　琴博士，與梁實秋此事無關

貳、多選題

16. ABCE

【解析】(A) 「不論」──儘管

　　　　(B) 「然後」──雖然

　　　　(C) 「而且」──但是

　　　　(E) 「但是」──所以

17. ABDE

【解析】(C) 師說一文批判時人「恥於相師」，不知尊師重道

18. **AD**

【解析】(B) 「桃花源記」乃陶潛寓託之烏托邦，與遊園賞花
無涉

(C) 「醉翁亭記」乃歐陽修抒發與民同樂之旨趣，無
關農田酒鄉

(E) 「黃州快哉亭記」為蘇轍慰藉張夢得之作，藉說
明蘇轍命名「快哉」之由，闡發無入不自得之心
境，談不上赤壁泛舟

19. **BCDE**

【解析】(A) 唐代散文的代表是古文運動

20. **AD**

【解析】(A) 程顥〈春日偶成〉寫悠然自得之樂

(B) 秦觀〈泗州東城晚望〉寫眼前之景

(C) 孟郊〈登科後〉寫科舉高中之樂

(D) 王維〈終南別業〉寫悠然自得之樂

(E) 杜甫〈聞官軍收河南河北〉寫官軍收復之樂

21. **BE**

【解析】(A) 「其母」指曾子之妻

(C) 「女」通「汝」，非女嬰

(D) 前一「之」字，連詞，「的」；後一「之」字，動
詞，「往」

*語譯：

曾子的妻子去趕集，兒子哭也要跟去，她便哄他說：「你
先回家，等我回來殺頭豬給你吃。」妻子趕集回來，曾子果
真要動刀殺豬。妻子馬上阻止他說：「剛才不過是跟孩子開開

玩笑罷了。」曾子正色道：「小孩不懂事，一切要靠父母引導，你欺騙他，等於是教他騙人，做母親的欺騙兒子，兒子就不會再相信母親。這種事是不能開玩笑的。」曾子於是殺了一頭豬烹煮給兒子吃。

22. BCD

【解析】 (A) 是李廣自述從年輕起即與匈奴打過大小七十多仗

　　　　(E) 「知與不知」是指認識與不認識的

*語譯：

　　到了大將軍幕府，李廣對他的部下說：「我從少年起與匈奴打過大小七十多仗，如今有幸跟隨大將軍出征同單于軍隊交戰，可是大將軍又調我的部隊去走迂回繞遠的路，偏又迷失道路，難道不是天意嗎！況且我已六十多歲了，畢竟不能再受那些刀筆吏的侮辱。」於是就拔刀自刎了。李廣軍中的所有將士都為之痛哭。百姓聽到這個消息，不論認識的不認識的，也不論老的少的都為李廣落淚

23. BCDE

【解析】 (A) 顯示王安石自比孟子，雖千萬人吾往矣的堅決自信

第二部分：非選擇題

一、語文修正

1. 有夠衰→非常不幸

2. 氣到不行→非常生氣

3. 好好做反省的動作→好好反省

4. ：：＞一＜：：→淚水奪眶而出

5. 星座達人→星座專家

6. 被挨罵→被罵

7. 偶氣ㄅ要死→我氣壞了

8. 粉不錯吃滴→很好吃喔

9. 理一顆一百塊的頭→花一百塊理髮

二、議論評述

1. 對老師的評論：

　　禮記學記云：「教也者，長善而救其失也。」文中的老師只重視功課，忽視了學校教育的目的乃是：從群體的生活中去訓練學生德、智、體、群、美五育均衡發展。當學生在任何一方面有特殊的表現，必須加以鼓勵；在偏差行為發生時要適時予以導正，才是「師者，可以傳道、授業、解惑」。

2. 對家長的評論：

　　孩子的人格發展，受家長觀念的影響最大。文中吳生會變成一個重視功利，忽視群體的學生，家長難辭其咎。家庭教育，必須讓學生能夠擁有獨立生活的能力，而非只重視讀書而變成一個功利的、自私的、百無一用的「書櫥」。

3. 對學生的評論：

學生的偏差行為會發生，主要來自於環境與教育。文中家長、老師錯誤的觀念與鼓勵，反而使吳生誤以為「萬般皆下品，惟有讀書高」，甚至養成功利、自以為是、自私的觀念。殊不知在高 IQ 的表面下，卻是過低的 EQ 而不自知。

三、情境寫作

雨季的故事

雨季來時，石頭上面長了些綠絨似的苔類。雨季一過，苔已乾枯了，在一片未乾枯苔上正開著小小藍花白花，有細腳蜘蛛在旁邊爬。河水從石罅間漱流，丁丁鼕鼕地奏著記憶的流歌，帶著白色、藍色的花朵兒。這雨，下成一季白色、藍色的記憶。

突來的一場雨，忙亂中與傘下的你邂逅，跌撞在你的胸膛前，傳來一股淡淡的香草味道，也許是紫羅蘭，也許是薰衣草，那是一種甜甜的香氣。你抓著我臂膀，輕柔地問候：「還好嗎？」嘴角掛著淺淺的微笑，我彷彿看見你背上的翅翼，是上帝將你帶來的嗎？

「偶而飄來一陣雨，點點灑落了滿地，尋覓雨傘下，哪個背影最像你，也許這場雨下不停……」此刻大概只有張清芳的歌曲最契合這樣的情景。臂膀仍存有你手掌的餘溫，一場一場的雨把你的氣味帶了來，一陣陣甜甜的花草香，和細雨交織成的淡淡淺笑。

朦朧的夜，朦朧的雨，朦朧的街燈下，臉上交織的不知是淚、是雨？我在街頭佇立，心裡早已有了決定，卻不知小雨是否能將我打醒！

又是一陣雨下，下著只屬於你的白色的笑容，和著你獨特的藍色芬芳，我終於相信：雨就是我的守護，我再也不需要尋尋覓覓了！

九十五年度學科能力測驗
英文考科公佈答案

題號	答案	題號	答案	題號	答案
1	D	21	C	41	D
2	B	22	D	42	B
3	A	23	A	43	D
4	B	24	A	44	C
5	C	25	B	45	C
6	B	26	B	46	B
7	A	27	D	47	C
8	C	28	A	48	D
9	D	29	B	49	B
10	C	30	C	50	D
11	A	31	B	51	D
12	C	32	F	52	A
13	A	33	C	53	C
14	C	34	I	54	A
15	A	35	J	55	D
16	A	36	E	56	A
17	A	37	H		
18	D	38	G		
19	D	39	A		
20	B	40	D		

九十五年度學科能力測驗
數學考科公佈答案

題號	答案	題號		答案
1	3	A	⑫	1
			⑬	0
2	5	B	⑭	5
			⑮	1
			⑯	5
3	4	C	⑰	4
			⑱	9
4	4	D	⑲	3
			⑳	7
5	5	E	㉑	2
			㉒	2
6	2,3,4	F	㉓	1
			㉔	5
7	1,3,4,5	G	㉕	7
			㉖	6
			㉗	4
8	1,2,3,4,5	H	㉘	7
			㉙	8
9	1,3,5	I	㉚	7
10	1,2,4,5		㉛	2
11	1,3,4,5		㉜	1

九十五年度學科能力測驗
社會考科公佈答案

題號	答案	題號	答案	題號	答案	題號	答案
1	D	21	B	41	D	61	B
2	D	22	C	42	B	62	C
3	A	23	B	43	D	63	A
4	A	24	C	44	B	64	B
5	D	25	D	45	A	65	C
6	C	26	A	46	A	66	A
7	C	27	C	47	B	67	B
8	D	28	C	48	B	68	C
9	A	29	D	49	D	69	D
10	C	30	C	50	C	70	A
11	B	31	A	51	D	71	B
12	D 或 A	32	A	52	A	72	B 或 D
13	C	33	D	53	A		
14	D	34	D	54	B		
15	B	35	D	55	A		
16	B	36	C	56	C		
17	A	37	D	57	D		
18	B	38	C	58	C		
19	D	39	B	59	C		
20	C	40	A	60	A		

九十五年度學科能力測驗
自然考科公佈答案

題號	答案	題號	答案	題號	答案	題號	答案
1	B	21	D	41	BDE	61	C
2	B	22	C	42	AD	62	C
3	C	23	A	43	DE	63	C
4	E或C	24	A	44	AB	64	E
5	E	25	C	45	AD	65	B
6	D	26	B	46	BCD	66	C
7	B	27	B	47	BDE	67	E
8	A	28	D	48	DE	68	C
9	E	29	C	49	B		
10	C	30	D	50	A		
11	B	31	B	51	AD		
12	E	32	B	52	D		
13	A	33	D	53	C		
14	D	34	D	54	BC		
15	E	35	D	55	CE		
16	C	36	A	56	BD		
17	D	37	CDE	57	C		
18	E	38	DE	58	B或C		
19	A	39	AE	59	C		
20	E	40	ADF	60	C		

九十五年度學科能力測驗
國文考科選擇題公佈答案

題號	答案
1	C
2	D
3	C
4	A
5	D
6	C
7	D
8	A
9	B
10	C
11	B
12	B
13	A
14	A
15	B
16	ABCE
17	ABDE
18	AD
19	BCDE
20	AD
21	BE
22	BCD
23	BCDE

九十五學年度學科能力測驗
總級分與各科成績標準一覽表

考　科	頂標	前標	均標	後標	底標
國　文	13	12	10	8	7
英　文	13	11	8	5	4
數　學	12	10	6	4	3
社　會	13	12	10	8	7
自　然	12	10	8	7	5
總級分	60	53	44	34	27

※ 各科成績五項標準以到考考生成績計算，總級分五項標準之計算不
含五科均缺考之考生，各標準計算方式如下：

頂標：成績位於第 88 百分位數之考生成績
前標：成績位於第 75 百分位數之考生成績
均標：成績位於第 50 百分位數之考生成績
後標：成績位於第 25 百分位數之考生成績
底標：成績位於第 12 百分位數之考生成績

九十五學年度學科能力測驗
各科各級分人數累計表

	級分	人　數	百 分 比（%）	累計人數	累計百分比（%）
國	15	3207	2.03	158226	100.00
	14	7020	4.44	155019	97.97
	13	13899	8.78	147999	93.54
	12	22783	14.40	134100	84.75
	11	24612	15.55	111317	70.35
	10	23532	14.87	86705	54.80
	9	19575	12.37	63173	39.93
	8	15899	10.05	43598	27.55
	7	10317	6.52	27699	17.51
	6	7283	4.60	17382	10.99
	5	4919	3.11	10099	6.38
文	4	3258	2.06	5180	3.27
	3	1311	0.83	1922	1.21
	2	529	0.33	611	0.39
	1	80	0.05	82	0.05
	0	2	0.00	2	0.00
英	15	5417	3.43	157745	100.00
	14	9353	5.93	152328	96.57
	13	10146	6.43	142975	90.64
	12	12020	7.62	132829	84.20
	11	11601	7.35	120809	76.58
	10	12893	8.17	109208	69.23
	9	12280	7.78	96315	61.06
	8	13753	8.72	84035	53.27
	7	13711	8.69	70282	44.55
	6	15057	9.55	56571	35.86
	5	13332	8.45	41514	26.32
文	4	14737	9.34	28182	17.87
	3	11152	7.07	13445	8.52
	2	2225	1.41	2293	1.45
	1	61	0.04	68	0.04
	0	7	0.00	7	0.00

	級分	人　數	百 分 比（%）	累計人數	累計百分比（%）
數	15	5313	3.36	158009	100.00
	14	6926	4.38	152696	96.64
	13	4921	3.11	145770	92.25
	12	8143	5.15	140849	89.14
	11	9409	5.95	132706	83.99
	10	7212	4.56	123297	78.03
	9	12164	7.70	116085	73.47
	8	13690	8.66	103921	65.77
	7	10094	6.39	90231	57.10
	6	16485	10.43	80137	50.72
	5	17194	10.88	63652	40.28
學	4	11521	7.29	46458	29.40
	3	16946	10.72	34937	22.11
	2	12080	7.65	17991	11.39
	1	4500	2.85	5911	3.74
	0	1411	0.89	1411	0.89
社	15	3173	2.01	158060	100.00
	14	6345	4.01	154887	97.99
	13	12151	7.69	148542	93.98
	12	18534	11.73	136391	86.29
	11	24017	15.19	117857	74.56
	10	25258	15.98	93840	59.37
	9	17728	11.22	68582	43.39
	8	20428	12.92	50854	32.17
	7	15562	9.85	30426	19.25
	6	9995	6.32	14864	9.40
	5	4048	2.56	4869	3.08
會	4	753	0.48	821	0.52
	3	59	0.04	68	0.04
	2	3	0.00	9	0.01
	1	1	0.00	6	0.00
	0	5	0.00	5	0.00

	級分	人　　數	百　分　比（%）	累計人數	累計百分比（%）
自	15	3439	2.18	157561	100.00
	14	5267	3.34	154122	97.82
	13	7084	4.50	148855	94.47
	12	9171	5.82	141771	89.98
	11	11635	7.38	132600	84.16
	10	15489	9.83	120965	76.77
	9	20367	12.93	105476	66.94
	8	23852	15.14	85109	54.02
	7	23053	14.63	61257	38.88
	6	18858	11.97	38204	24.25
	5	12515	7.94	19346	12.28
然	4	5519	3.50	6831	4.34
	3	1201	0.76	1312	0.83
	2	88	0.06	111	0.07
	1	12	0.01	23	0.01
	0	11	0.01	11	0.01

九十五學年度學科能力測驗
總級分人數百分比累計表（違規處理前）

總級分	人數	百分比	累計人數	累計百分比
75	159	0.10	158421	100.00
74	232	0.15	158262	99.90
73	382	0.24	158030	99.75
72	524	0.33	157648	99.51
71	680	0.43	157124	99.18
70	803	0.51	156444	98.75
69	981	0.62	155641	98.25
68	1122	0.71	154660	97.63
67	1280	0.81	153538	96.92
66	1396	0.88	152258	96.11
65	1502	0.95	150862	95.23
64	1735	1.10	149360	94.28
63	1886	1.19	147625	93.19
62	2018	1.27	145739	91.99
61	2150	1.36	143721	90.72
60	2402	1.52	141571	89.36
59	2507	1.58	139169	87.85
58	2771	1.75	136662	86.27
57	2993	1.89	133891	84.52
56	3157	1.99	130898	82.63
55	3315	2.09	127741	80.63
54	3354	2.12	124426	78.54
53	3673	2.32	121072	76.42
52	3751	2.37	117399	74.11
51	4035	2.55	113648	71.74
50	4212	2.66	109613	69.19
49	4235	2.67	105401	66.53
48	4352	2.75	101166	63.86
47	4522	2.85	96814	61.11
46	4514	2.85	92292	58.26
45	4650	2.94	87778	55.41
44	4658	2.94	83128	52.47
43	4642	2.93	78470	49.53
42	4557	2.88	73828	46.60
41	4538	2.86	69271	43.73
40	4410	2.78	64733	40.86

總級分	人數	百分比	累計人數	累計百分比
39	4333	2.74	60323	38.08
38	4094	2.58	55990	35.34
37	3811	2.41	51896	32.76
36	3703	2.34	48085	30.35
35	3469	2.19	44382	28.02
34	3346	2.11	40913	25.83
33	3073	1.94	37567	23.71
32	2905	1.83	34494	21.77
31	2833	1.79	31589	19.94
30	2678	1.69	28756	18.15
29	2592	1.64	26078	16.46
28	2689	1.70	23486	14.83
27	2498	1.58	20797	13.13
26	2495	1.57	18299	11.55
25	2460	1.55	15804	9.98
24	2283	1.44	13344	8.42
23	2186	1.38	11061	6.98
22	1936	1.22	8875	5.60
21	1671	1.05	6939	4.38
20	1441	0.91	5268	3.33
19	1140	0.72	3827	2.42
18	824	0.52	2687	1.70
17	624	0.39	1863	1.18
16	389	0.25	1239	0.78
15	235	0.15	850	0.54
14	145	0.09	615	0.39
13	78	0.05	470	0.30
12	68	0.04	392	0.25
11	45	0.03	324	0.20
10	36	0.02	279	0.18
9	43	0.03	243	0.15
8	34	0.02	200	0.13
7	29	0.02	166	0.10
6	31	0.02	137	0.09
5	36	0.02	106	0.07
4	19	0.01	70	0.04
3	29	0.02	51	0.03
2	18	0.01	22	0.01
1	3	0.00	4	0.00
0	1	0.00	1	0.00

註：累計百分比＝從0到該級分的累計人數／（報名人數－五科均缺考人數）

劉毅英文家教班成績優異同學獎學金排行榜

姓名	學校	班級	總金額	姓名	學校	班級	總金額	姓名	學校	班級	總金額
林聖雄	建國中學	322	142000	鍾頎	北一女中	二讓	46000	易亞琪	北一女中	三義	34000
李亭逸	中山女中	二勤	118200	江勁緯	大直高中	104	45500	袁國智	大同高中	208	33900
陳冠華	成功高中	205	115600	鄭雅雙	中正高中	321	45000	陳緯倫	格致國中部	308	33700
張富傑	建國中學	325	103100	張博勝	成功高中	313	44200	吳介中	中正高中	301	33600
余士元	南山高中	358	100600	王斌銓	中正高中	316	44000	李元甫	建國中學	102	33500
賴宣佑	竹林國小	六丁	91900	曹家豪	和平高中	214	43700	李泓毅	中和高中	214	33400
許誌珍	北一女中	二勤	85900	桑孟軒	板橋高中	115	43400	楊于萱	北一女中	二毅	33300
黃詮富	育成高中	216	76600	蔡佳臻	北一女中	三義	43400	王公勻	永平高中	405	32700
鄭瑜萱	師大附中	1132	76600	侯進坤	建國中學	202	42900	許願今	北一女中	一數	32600
鄭暐達	成功高中	310	76200	李冠瑩	北一女中	一禮	42800	陳泰安	建國中學	214	32500
張偉志	建國中學	324	75800	張博雄	板橋高中	219	42800	施驊瑋	松山高中	114	32250
陳齊	北一女中	一誠	75000	陳薏如	北一女中	三眞	42700	鄭婷云	師大附中	1192	32100
林嬌	師大附中	1165	69700	宋瑞祥	建國中學	220	42600	古昂可	北一女中	二樂	32100
蘇雅婷	北一女中	三數	67000	魏立宇	建國中學	221	41800	郭玶華	北一女中	一禮	31900
吳則豪	成功高中	325	65100	曾尹澍	師大附中	1195	41200	余冠霖	成功高中	102	31500
黃柏鈞	師大附中	1166	64400	梁中明	建國中學	304	41200	謝畢宇	景美女中	一忠	31400
李宛霖	中山女中	一簡	62900	林唯中	師大附中	1188	41100	鄧妍姍	陽明高中	207	31300
林欣儀	中山女中	二仁	62700	徐偉傑	新莊高中	107	40900	章雁婷	北一女中	二平	31300
林瑞怡	大直高中	203	61300	陳彥華	景美女中	一勇	40400	王俊硯	建國中學	223	30900
黃詩穎	北一女中	一良	60500	王劭予	建國中學	130	40250	周冠彣	板橋高中	209	30800
蕭丞晏	建國中學	108	60300	蘇郁雯	中山女中	二仁	40000	吳承懋	建國中學	229	30600
柯明佑	建國中學	329	59800	黃孺雅	北一女中	二讓	39700	林宥璦	和平高中	305	30500
劉泓緯	成功高中	307	59500	劉育豪	成功高中	209	39000	邱施惠	私立大同	三忠	30500
林禹伸	成功高中	301	59300	王姿雅	中山女中	一廉	38200	彭郁婷	光仁高中	三信	30400
曹文萱	北一女中	三樂	58400	張家偉	師大附中	1194	38100	陳宛愉	南湖高中	106	30100
詹佳瑋	北一女中	三讓	57100	孫仕霖	北一女中	三莊	37700	陳志愷	成功高中	109	30100
李穆先	北一女中	三儉	56700	湯和益	南港高工	三愛	37700	洪珮瓊	中山女中	一孝	30100
孫語鼟	師大附中	1160	56200	張智陞	大同高中	207	37500	林佳慶	中正高中	218	30100
蘇冠霖	建國中學	218	55900	陳以健	建國中學	305	37500	徐仲爲	建國中學	111	30000
陳麒中	建國中學	109	55100	吳育綺	松山高中	118	37200	許智鈞	師大附中	1151	29900
留逸珊	北商學院	會四甲	54100	許申樺	建國中學	204	37200	洪會洋	建國中學	227	29600
紀又豪	陽明高中	302	54000	董怡萱	北一女中	一樂	37100	陳欣	政大附中	102	29500
章晨萱		二良	53600	劉書妤	師大附中	1127	36900	王公喬	延平高中	104	29500
李若怡	北一女中	三和	52500	林承翰	建國中學	323	36800	鄭皓方	北一女中	三恭	29500
金寧煊	建國中學	214	52100	陳孟宏	板橋高中	313	36700	洪振家	建國中學	230	29300
林芳瑜	北一女中	二恭	52000	王顗婷	中山女中	三博	36700	胡哲輔	新莊高中	113	29200
張雅甄	北一女中	二勤	52000	葉平萱	北一女中	三恭	36600	林一先	師大附中	1155	29100
李睿強	永平高中	506	50900	黃立揚	成功高中	216	36500	曾于健	景美女中	二仁	29100
徐偉傑	建國中學	115	50800	王楚渝	建國中學	311	36500	翁御哲	大同高中	110	28900
莫斯宇	建國中學	108	50700	武肇中	師大附中	1177	36400	顏子軒	延平高中	202	28800
陳禹志	建國中學	229	50500	王楚薇	松山高中	101	36300	黃苡寧	永春高中	216	28800
王顗銓	建國中學	125	50100	林記賢	建國中學	213	36000	陳亭蓁	北一女中	三公	28800
蔡書旻	格致高中	一孝	49600	林健安	大同高中	307	35700	趙芷淳	中山女中	三群	28800
蔡佳珉	北一女中	二眞	48900	蘇容萱	北一女中	一孝	35100	邱柏盛	新莊高中	304	28600
林聖鳳	北一女中	二眞	48100	黃庭翊	大同高中	305	35000	黃奕勳	大同高中	313	28400
楊宗燁	建國中學	126	48000	王安佳	建國中學	122	34300	陳威宏	大同高中	106	28300
李偉愷	建國中學	221	46200	蔡甯安	中山女中	一廉	34000	李思佳	北一女中	二和	28200

姓 名	學 校	班級	總金額	姓 名	學 校	班級	總金額	姓 名	學 校	班級	總金額
曾煜尊	國立三重	317	28200	王詠萱	北一女中	二和	24300	洪緗媛	延平高中	305	21700
陳柏光	成功高中	222	28100	李怡心	北一女中	二和	24200	陳 陽	成功高中	323	21700
何宇泱	成功高中	322	28100	陳樂堤	基隆女中	108	24100	方思閔	師大附中	1127	21700
駱冠廷	板橋高中	104	27800	林品慧	大直高中	104	24000	莊銘凱	錦和高中	504	21700
林育勳	松山高中	119	27800	吳周駿	延平高中	203	24000	謝明仁	大同高中	一孝	21600
吳家安	東山高中	二愛	27800	蘇俊瑋	松山高中	214	24000	張瀞云	北一女中	一義	21600
林瀚軒	西松高中	一誠	27600	張宇任	建國中學	223	24000	連庭寬	建國中學	317	21600
蔡欣穎	北一女中	三數	27600	謝昀浩	師大附中	1151	24000	翁梓華	建國中學	328	21600
胡芝嘉	北一女中	一仁	27500	李筠平	北一女中	三信	24000	張晢昀	景美女中	三平	21600
徐億恩	新莊高中	204	27500	張喬復	中正高中	116	23900	謝英蔚	成功高中	104	21500
張嘉琪	和平高中	305	27500	簡家豪	師大附中	1152	23900	葉峻石	成功高中	202	21500
利采穎	北一女中	一仁	27300	高佳瑀	復興高中	317	23800	龔國安	師大附中	1173	21500
林孟潔	中山女中	三公	27300	賴威仁	大同高中	308	23700	張家甄	中和高中	117	21400
杜佳勳	景美女中	一智	27100	謝松育	成功高中	321	23600	高 瑄	育成高中	308	21300
蔡躍齊	大同高中	102	26700	陳思裕	師大附中	1142	23600	袁碩君	文德女中	三愛	21300
林佑蒼	建國中學	126	26700	王鈞緯	師大附中	1147	23600	鄭旭高	成功高中	301	21200
張博勝	師大附中	1141	26700	謝畢帆	板橋高中	304	23500	江秉儒	師大附中	1164	21100
曾英澤	成功高中	303	26600	劉威廷	建國中學	213	23400	王睿瑜	國立三重	206	21100
卓珈好	北一女中	一樂	26500	王 捷	建國中學	229	23400	高曼翔	中山女中	二忠	21100
鄭竹容	北一女中	二勤	26300	張雅筑	中山女中	三孝	23300	徐瑋宏	成功高中	308	21000
吳善加	建國中學	306	26200	陳彥霖	中山女中	二廉	23200	李政翰	松山高中	312	21000
駱子皓	幸安國小	603	26200	黃閔琛	建國中學	226	23100	王建程	建國中學	120	20900
沈若函	武陵高中	218	26100	游秉憲	師大附中	1187	23000	劉國慧	景美女中	二信	20900
白育丞	大直高中	206	26000	邱韋豪	華僑高中	一義	23000	李岳勳	成功高中	303	20900
李韋諭	北一女中	三勤	26000	張世婷	南湖高中	305	22900	陳青妤	永春高中	114	20800
廖婉頤	北一女中	一讓	25900	蕭恆昇	中正高中	314	22900	田顏禎	建國中學	210	20800
張家綺	格致高中	三忠	25800	賴英慈	北一女中	二眞	22800	陳琬欣	三民高中	203	20700
陳芷琳	永平高中	404	25700	張家華	板橋高中	306	22800	何冠廷	建國中學	229	20700
許智瑄	北一女中	三仁	25600	張廷維	華江高中	104	22700	孫沛瑜	景美女中	二誠	20600
黃詩婷	中山女中	二慧	25500	謝宗揚	師大附中	1146	22700	黃敬傑	師大附中	1151	20600
李佳顥	成功高中	117	25400	胡郁璞	北一女中	二愛	22700	陳虹君	內湖高中	112	20500
林玉玲	文德女中	三忠	25400	陳靜宜	景美女中	三眞	22600	陳翊安	建國中學	208	20500
謝易展	光仁高中	一孝	25300	許家弘	成功高中	920	22600	蔡怡光	樹林高中	212	20500
詹喬涵	陽明高中	202	25300	戴伯丞	建國中學	101	22300	林郁馨	景美女中	二樂	20500
葉 衡	建國中學	211	25300	賴玟秀	北一女中	二眞	22300	王臣康	板橋高中	316	20500
許經闈	建國中學	305	25200	陳昱陵	景美女中	二善	22300	鄭郁蓁	南湖高中	312	20400
嚴啓峰	建國中學	317	25200	歐宜欣	中山女中	二禮	22300	李 奕	麗山高中	307	20350
張紫鈺	大同高中	303	25100	黃珮瑜	中山女中	二溫	22200	古佳鋒	和平高中	104	20300
鄭皓云	松山高中	105	25000	沈哲宇	華江高中	311	22200	陳昱陸	延平高中	204	20300
陳柏修	明倫高中	108	25000	洪唯勝	成功高中	110	22100	楊智涵	北一女中	三孝	20200
林貝瑄	北一女中	二誠	25000	江志浩	徐匯高中	一和	22100	施柔臣	北一女中	二恭	20200
陳怡臻	陽明高中	306	25000	林彥儒	建國中學	101	22000	詹景東	師大附中	1137	20200
胡格瑄	大同高中	101	24900	謝喬安	北一女中	一誠	22000	胡韜宜	清水高中	401	20200
陳少鈞	成功高中	304	24700	陳韻安	北一女中	一禮	21900	張恩碩	建國中學	213	20100
林紘生	建國中學	226	24600	黃晉宏	成功高中	311	21900	張庭慈	中山女中	二樂	20100
張惠雯	北一女中	二孝	24500	李 擎	永春高中	211	21800	蔡佩盲	成功高中	109	20000
顏晨卉	中山女中	二博	24500	李宗原	成功高中	304	21800	柯怡婷	華僑高中	三學	20000
吳貞燁	大同高中	107	24400	鄭哲偉	松山高中	316	21800				
林蘊恬	松山高中	112	24400	彭琬婷	馬偕醫護	應外系1	21800				

※ 因版面有限，尚有許多領取高額獎金的
同學無法列出，歡迎同學到班查詢。

劉毅英文「*95*年學科能力測驗」15級分名單

姓名	就讀學校	班級	姓名	就讀學校	班級	姓名	就讀學校	班級	姓名	就讀學校	班級
徐劭綾	松山高中	303	李應陞	重考生	重考生	楊世傑	松山高中	312	張詩琪	北一女中	三讓
楊于嬅	松山高中	302	詹仙如	重考生	重考生	李柏	建國中學	324	劉學樸	北一女中	三恭
陳彥方	北一女中	三莊	鄭仲英	建國中學	316	陳意雯	北一女中	三忠	吳侑學	北一女中	三樂
張翼帆	成功高中	318	羅沛緹	北一女中	三公	戎伯岩	重考生	重考生	王冠婷	北一女中	三愛
劉旻	北一女中	三信	林稚堯	松山高中	309	孫伯偉	建國中學	316	劉正青	松山高中	302
吳韻萱	金陵女中	324	林恕平	建國中學	320	呂瓊年	基隆女中	301	黃詩勻	北一女中	三書
蔣季倫	中山女中	三博	劉欣璇	板橋高中	316	張翠眞	松山高中	301	賴冠普	建國中學	308
司柏潘	松山高中	308	鄭宇翔	板橋高中	306	朱祐廷	西松高中	三和	葉家豪	成功高中	304
呂冠樺	延平高中	311	呂怡萱	大同高中	301	黃謝鈞	建國中學	314	劉祐麟	建國中學	318
彭鈺博	建國中學	329	官彥州	建國中學	320	匡姿芬	北一女中	三孝	陳禹瑾	北一女中	三良
張翰文	建國中學	303	范純緻	中山女中	三仁	丁嘉玲	北一女中	三眞	陳冠宇	成功高中	310
李慕義	建國中學	308	林品好	和平高中	307	李育豪	建國中學	327	陳凱強	大同高中	311
賴品光	建國中學	307	陳佳琳	景美女中	三樂	楊哲綸	延平高中	310	李宛珍	景美女中	三智
陳宜柔	北一女中	三愛	周士凱	東山高中	三忠	陳佩璇	北一女中	三和	邱馨慧	景美女中	三廉
陳依凡	北一女中	三溫	許惟傑	大直高中	301	葉昱廷	薇閣中學	三丙	邵楚涵	內湖高中	317
朱昱誠	師大附中	1089	謝其軒	松山高中	317	何哲方	北一女中	三毅	曹爾剛	建國中學	314
鄭瑋莘	北一女中	三俊	余琬婷	師大附中	1073	徐立恒	建國中學	328	陳美瑜	北一女中	三樂
黃彥翔	師大附中	1098	張引碩	建國中學	329	吳嘉蓉	基隆女中	301	李蓓雯	師大附中	1099
華國媛	北一女中	三數	曾逸江	中正高中	311	徐子權	北一女中	三讓	劉登境	師大附中	1093
張暘	建國中學	327	何宗翰	成功高中	313	張逸瑋	建國中學	323	胡頎	北一女中	三眞
張瑋珊	海山高中	304	王鵬懿	建國中學	325	游雅晴	北一女中	三誠	林柔妤	重考生	重考生
陳盈孝	板橋高中	313	姜星宇	景美女中	三勇	詹閔舒	中山女中	三廉	林宇恆	重考生	重考生
林子棣	建國中學	310	林韻嘉	北一女中	三公	陳柏齡	重考生	重考生	楊文欣	景美女中	三良
徐朝偉	建國中學	318	陳冠龍	成功高中	307	吳宛蓉	北一女中	三御	黃千芳	內湖高中	316
沈佳儀	重考生	重考生	陳奕廷	建國中學	327	洪培然	師大附中	1093	沈健宇	中山女中	三樂
鄭皓方	建國中學	301	彭兆壎	建國中學	320	丁柏翔	建國中學	328	詹惟龍	中崙高中	302
蔡博倫	建國中學	330	李其陸	成功高中	304	黃志豪	建國中學	327	陳怡婷	北一女中	三射
吳紫萱	北一女中	三仁	張家榕	重考生	重考生	涂祐庭	建國中學	302	高志安	成功高中	322
洪怡婷	景美女中	三智	蕭伊倩	大同高中	302	陳冠妤	中山女中	三仁	許家禎	延平高中	306
黃靜儀	松山高中	303	羅羿倫	建國中學	314	戴維萱	北一女中	三平	唐子翔	建國中學	321
張逸綸	師大附中	1095	黃于碩	延平高中	303	高妤潔	中正高中	302	陳瑞慧	北一女中	三平
陳瑩慈	中山女中	三廉	王懋華	景美女中	三恭	張祖豪	和平高中	312	林琬錡	北一女中	三恭
陳仁傑	重考生	重考生	莊智閎	建國中學	316	陳奕先	建國中學	319	王若安	師大附中	1081
陳雅涵	北一女中	三眞	黃正頎	成功高中	322	鄭茜馨	中山女中	三仁	蘇士銓	建國中學	305
魏兆宏	建國中學	319	王思涵	北一女中	三和	周好芳	北一女中	三眞	蕭琬莉	松山高中	318
楊智軒	成功高中	307	李佳霖	基隆女中	301	林逸慈	中山女中	三忠	游承諺	成功高中	317
高啓需	建國中學	307	李盈瑩	北一女中	三公	林孟謙	建國中學	319	李權峰	建國中學	318
許承嵐	北一女中	三禮	林孟頤	北一女中	三禮	楊弘維	建國中學	313	謝博群	建國中學	301
陳緯安	延平高中	301	施靜沂	北一女中	三孝	張盟正	建國中學	301	鄭名淵	成功高中	313
黃康妮	南湖高中	306	周逸璇	北一女中	三愛	何家全	師大附中	1089	賴慶鴻	建國中學	303
林容萱	北一女中	三眞	朱天羽	北一女中	三忠	汪宛覗	松山高中	304	林倩如	錦和高中	305
荊柏傑	建國中學	308	吳昭志	建國中學	321	王詩榮	重考生	重考生	周毓婷	北一女中	三和
杜宗翰	建國中學	324	陳音儒	中山女中	三公	楊禮安	師大附中	1094	孫譽珍	延平高中	312
張境夫	建國中學	315	蔡宜靜	中山女中	三公	吳宜臻	松山高中	310	王寧儀	北一女中	三御

姓名	就讀學校	班級	姓名	就讀學校	班級	姓名	就讀學校	班級	姓名	就讀學校	班級
俞敦平	建國中學	303	郭妮靈	松山高中	307	梁雅姿	泰山高中	三甲	鄭克誠	成功高中	310
宋泳慶	建國中學	316	李宜軒	重考生	重考生	郭馨茱	北一女中	三平	張銘仁	松山高中	309
黃亮綱	建國中學	310	李香亭	永春高中	307	許珺涵	北一女中	三平	陳修平	建國中學	308
任芸彗	中山女中	三博	王翊光	中正高中	325	張詩勤	北一女中	三平	吳政澔	建國中學	308
葉千瑜	中崙高中	302	鄭以琳	北一女中	三義	李佳穎	中山女中	三平	陳建亨	建國中學	308
龍君宜	延平高中	308	林惠敏	中山女中	三禮	吳孟頡	中山女中	三平	黃俊凱	延平高中	308
陳致樺	新莊高中	305	徐佩好	北一女中	三毅	黃資雅	中山女中	三公	謝淑慧	中和高中	308
莊宗澔	建國中學	327	陳恩臨	北一女中	三勤	李丹寧	中山女中	三公	周厚江	中和高中	308
鍾伯昇	成功高中	314	林宣佑	師大附中	1092	吳怡萱	中山女中	三公	蘇恭毅	建國中學	306
羅有渝	建國中學	302	翁志瑜	重考生	重考生	龔逸凡	北一女中	三仁	邱如萱	松山高中	306
張晏慈	北一女中	三禮	李欣潔	北一女中	三溫	陳浩漫	內湖高中	305	李昀璁	建國中學	305
吳政翰	建國中學	301	陳可儂	北一女中	三和	羅大烜	建國中學	326	崔智超	松山高中	305
李忠遠	麗山高中	308	潘國強	華興高中	301	鄭百傑	建國中學	325	陳名賢	松山高中	305
謝政霖	建國中學	329	賴昱蓉	重考生	重考生	林宏	建國中學	320	宋易軒	松山高中	305
吳昱學	北一女中	三善	楊舜雯	北一女中	三毅	呂孟銓	建國中學	319	陳建都	建國中學	304
楊雅安	建國中學	327	許睿芝	北一女中	三樂	呂佳儒	進修生	318	韓宜蕙	南湖高中	304
陳毓晏	重考生	重考生	陳雅婷	中山女中	三慧	李威龍	建國中學	318	朱家鋼	和平高中	304
王思涵	北一女中	三信	王昭儒	景美女中	三儉	徐朝偉	建國中學	318	陳欣雅	基隆女中	303
劉思岑	北一女中	三毅	陳思予	北一女中	三儉	曹博威	建國中學	317	黃仲歡	松山高中	303
高偉豪	建國中學	308	陳怡霖	錦和高中	三誠	葉哲瑋	松山高中	317	張碧珊	松山高中	303
高仕晏	建國中學	322	徐子涵	北一女中	三義	李俊穎	建國中學	316	張晁銘	成功高中	303
唐群凱	建國中學	301	張祖貞	北一女中	三義	鄭博仁	建國中學	314	劉瑋澔	建國中學	302
李彥廷	建國中學	310	尤亭歡	北一女中	三義	陳彥廷	建國中學	314	韓愷時	松山高中	302
鄭雅文	北一女中	三和	江盈	北一女中	三義	林心婷	延平高中	314	林叡廷	成功高中	302
匡小娟	松山高中	306	洪綺君	中山女中	三義	彭士瑄	內湖高中	314	古修銘	成功高中	301
郭珊如	中正高中	325	歐雨而美	景美女中	三溫	鄭閔心	中和高中	314	邱弘文	成功高中	301
陳瑜	東山高中	三誠	王瑞美	北一女中	三愛	鄭鈞澤	建國中學	313	張力強	師大附中	1087
張懿聖	成功高中	315	黃滿緒	北一女中	三愛	李俊緯	延平高中	313	林冠伶	延平中學	314
李育丞	建國中學	314	董采維	中山女中	三智	蔡岳霖	延平高中	313	沈宜中	建國中學	313
曹書茵	內湖高中	311	洪慧儒	中山女中	三智	鄭好品	延平高中	313	劉思伶	延平中學	311
游雅婷	北一女中	三溫	鄭逸寧	中山女中	三博	黃奕瑋	建國中學	312	王裒琳	大誠高中	311
林欣怡	北一女中	三樂	黃之邕	北一女中	三莊	洪毓	建國中學	312	陳映叡	建國中學	308
蔡宇翔	重考生	重考生	童韻儒	中山女中	三敏	呂孟杰	師大附中	1096	盧浩海	建國中學	308
韓昇宏	建國中學	315	鄭涵齡	北一女中	三真	陳明璿	師大附中	1095	歐冠麟	和平高中	307
曾柏榮	建國中學	316	黃瀦	中山女中	三射	蕭尚旭	師大附中	1088	陳唯宗	松山高中	305
陳品璇	景美女中	三恭	吳珮青	格致高中	三信	周家汝	師大附中	1086	黃馨儀	成淵高中	304
吳芷榕	進修生	進修生	魏浩瑜	北一女中	三信	黃伯駒	師大附中	1085	王浩	中崙高中	304
陳冠廷	師大附中	1095	簡郁文	北一女中	三和	李宜興	師大附中	1079	張思瑩	中山女中	三智
許瑜倩	衛理女中	三信	葉螢	北一女中	三和	徐育彬	華江高中	310	徐育群	進修生	進修生
陳怡帆	北一女中	三樂	王絲郁	北一女中	三良	李宗凱	建國中學	310	李秉勳	延平高中	314

劉毅英文（兒美、國中、高中、成人、全民英檢、TOEIC班）

台中總部：台中市三民路三段125號7F（李卓澔數學樓上）　　TEL：（04）2221-8861
台北高中部：台北市許昌街17號6F（火車站前・壽德大樓）　　TEL：（02）2389-5212
台北國中部：台北市重慶南路一段10號7F（火車站前・台企大樓）　TEL：（02）2381-3148
網址：www.learnschool.com.tw

95 年學科能力測驗各科試題詳解

主　　　編 / 劉　毅

發 行 所 / 學習出版有限公司　　☎ (02) 2704-5525

郵 撥 帳 號 / 0512727-2 學習出版社帳戶

登 記 證 / 局版台業 2179 號

印 刷 所 / 裕強彩色印刷有限公司

台 北 門 市 / 台北市許昌街 10 號 2 F　　☎ (02) 2331-4060・2331-9209

台灣總經銷 / 紅螞蟻圖書有限公司　　☎ (02) 2795-3656

美國總經銷 / Evergreen Book Store　　☎ (818) 2813622

本公司網址　www.learnbook.com.tw

電 子 郵 件　learnbook@learnbook.com.tw

售價：新台幣二百二十元正

2008 年 5 月 1 日新修訂

ISBN 957-519-856-5